초등 교과 연계! 국어

가장 쉬운

초등 속담 따라 쓰기

하루 한 장의 기적

동양북스 콘텐츠기획팀 지음
류덕엽 감수

동양북스

나의 꿈, 나의 계획

나는 ______________________ 한

______________________ (이)가 될 거예요.

건강 목표

생활 목표

공부 목표

부모님이
칭찬 도장을
찍어주세요!
참 잘했어요!
※칭찬 도장 미포함
매일 꾸준히 노력해서 한
(이)가 되었구나!
정말 장해요!!

목차

나의 꿈, 나의 계획 2
이 책의 구성과 특징 6
지혜 퐁퐁 어휘력 쑥쑥, 속담 따라쓰기 8

1 단원 소중한 가족 10

1일차 ~ 5일차 | 복습하기1

2 단원 믿음직한 친구 24

6일차 ~ 10일차 | 복습하기1

3 단원 지혜로운 마음가짐 38

11일차 ~ 15일차 | 복습하기1

4 단원 재미있는 동물 52

16일차 ~ 20일차 | 복습하기1

5 단원 즐거운 생활 66

21일차 ~ 25일차 | 복습하기1

6 단원 노력의 가치 80

26일차 ~ 30일차 | 복습하기1

7 단원 **배움의 중요성** 94

31일차 ~ 35일차 | 복습하기1

8 단원 **용기의 아름다움** 108

36일차 ~ 40일차 | 복습하기1

9 단원 **신중한 태도** 122

41일차 ~ 45일차 | 복습하기1

10 단원 **절제의 필요성** 136

46일차 ~ 50일차 | 복습하기1

복습하기 정답 150
주제어로 찾아 읽기 152
순서대로 찾아 읽기 158
지혜 퐁퐁 속담 카드 161

초등 교과 연계

1~2학년군 : 통합교과 〈봄〉, 〈여름〉, 〈가을〉, 〈겨울〉, 〈학교(나)〉, 〈가족〉, 〈이웃〉

3~4학년군 : 〈도덕3〉, 〈도덕4〉, 〈사회 3-2〉, 〈국어4-2〉

5~6학년군 : 국어 〈5-2〉, 〈국어6-1〉, 〈과학6-2〉

이 책의 구성과 특징

하루 한 장, 탄탄한 공부 습관!

하루 한 장씩 매일 공부하면서 규칙적인 공부 습관을 다질 수 있습니다.
하루에 두 개씩 속담을 익히면 '티끌 모아 태산이 되듯' 어느 순간 속담왕이 되어 있을 거예요.

지혜가 샘솟는 인성 교육!

어린이의 인성 발달에 도움이 되는 내용을
10개의 주제로 나누어 실었습니다.
단원별 주제와 관련된 속담을 읽고 쓰면서
선조들의 지혜를 몸소 체득할 수 있을 거예요.

그림으로 함께 보는 재미있는 속담!

속담의 속뜻을 알기 쉽게 설명하였고 여기에 재미있는 삽화를 덧붙여 이해를 도왔습니다. 재미있게 배운 속담을 큰 소리로 읽고 따라 쓰면서 자연스럽게 속담의 의미를 익히는 거예요.

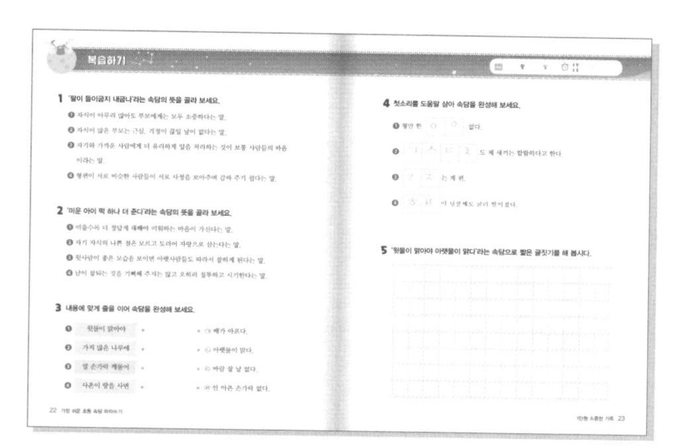

잊지 않게 실력 확인!

각 단원의 마지막에 배운 속담을 다시 한 번 확인하는 문제를 실어 속담 실력을 확인할 수 있습니다. 또 속담을 활용하여 짧은 글짓기를 할 수 있는 공간도 마련하여 글짓기의 재미도 느낄 수 있어요.

쉽게 찾아 읽으며 수불석권!

주제어를 중심으로, 또 가나다순으로 배열하여 어느 때라도 상황에 맞는 속담을 찾아 읽을 수 있게 속담 색인을 갖추었습니다.

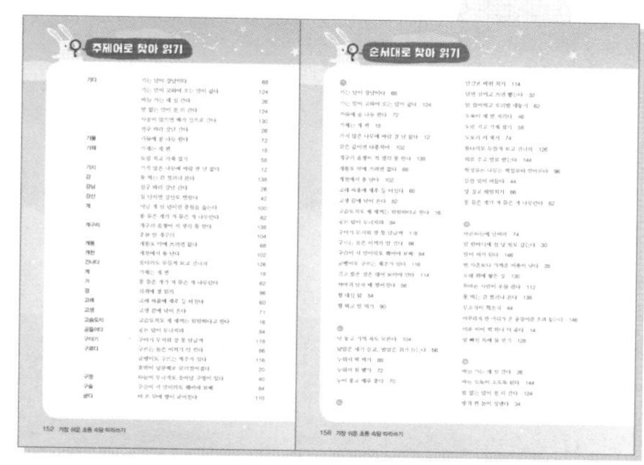

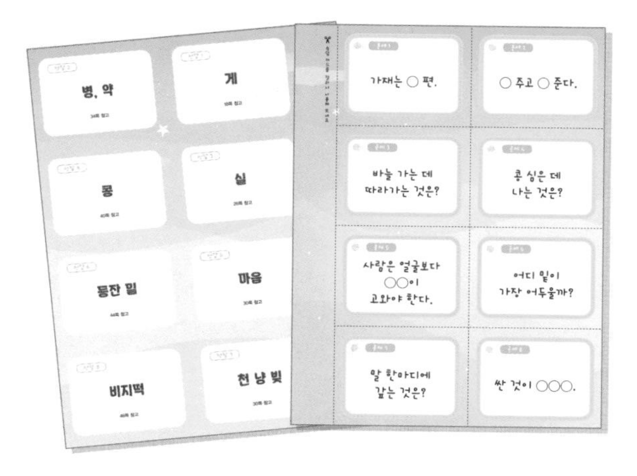

지혜 퐁퐁 속담 카드!

책 마지막에 있는 자료로 속담 카드를 만들어 재미있는 놀이 활동에 활용할 수 있어요. 수수께끼와 초성 퀴즈와 같은 재미있는 문제가 실려 있어 부모님이나 친구들과 함께 문제를 풀면서 신나게 복습할 수 있어요.

지혜 퐁퐁 어휘력 쑥쑥, 속담 따라쓰기!

우리는 일상에서 자주 속담을 사용하고 있어요. 같은 말이라도 상황에 맞게 속담을 섞어 말하면 더욱 생동감 넘치는 표현이 됩니다. 동생과 나쁜 말을 하며 싸우고 있으면 엄마가 이렇게 말씀하실 거예요.

"가는 말이 고와야 오는 말이 곱다고 했어. 네가 먼저 예쁘게 말해 보렴. 그러면 동생도 예쁘게 대답할 거야."

길게 설명하지 않아도 짧은 말로 알아듣기 쉽게 상황을 설명하는 것이지요. 그러나 막상 속담 뜻을 설명하라고 하면 잘못 이야기하는 경우가 많아요. 그래서 속담의 의미를 정확하게 알고 사용하는 것이 중요하지요.

속담은 옛날부터 전해 내려온 구절로 지금까지도 널리 사용되고 있습니다. 선조들이 체험으로 갈고 닦은 지혜를 짧은 말에 녹여 전해준 것이에요. 이렇게 사람의 입에서 입으로 전해져온 속담은 그 속에 풍자와 비판, 교훈이 듬뿍 담겨 있어요. 속담을 알면 선조들의 응축된 지혜를 몸으로 익힐 수 있는 거예요.

또 속담은 짧은 글 안에 담긴 비유로 상황을 표현하기 때문에 어휘력은 물론 표현력을 넓혀주지요. 무릎을 탁 치게 하는 짤막한 한 마디로 상황을 재치 있게 표현할 수 있거든요. 이렇게 같은 말이라도 속담을 사용하면 더 풍부하고 재미있는 어문 생활을 할 수 있답니다.

속담을 따라쓰면 무엇이 좋을까요? 따라쓰기는 내용을 가장 정확하게 알 수 있고 마음 깊이 새길 수 있는 확실한 방법입니다. 따라쓰는 동안 내용을 한 번 더 생각할 수 있어 속담 안에 담긴 의미를 몸으로 느낄 수 있는 거예요. 이때 한 글자, 한 글자 집중하여 쓰면서 공부하는 자세와 마음가짐까지 바로잡을 수도 있지요.

스마트폰과 인터넷에 익숙한 시대에 굳이 손으로 글씨를 쓸 필요가 있을까요? 세계적인 교육석학들의 연구 결과를 보면 손으로 글씨를 쓰면 두뇌 발달에 큰 도움이 된다고 합니다. 사람의 뇌에는 손과 연결된 신경세포가 가장 많기 때문에 손가락을 세심하게 움직여야 하는 쓰기 행동은 두뇌 발달에 큰 도움이 되는 것입니다. 여기에 입으로 소리를 내어 읽으며 손으로 쓰기를 하면 뇌의 활동이 더 활발해져서, 그냥 읽는 것보다 훨씬 더 강하게 기억된다고 합니다. 그래서 따라쓰기는 무엇을 굳이 쓰지 않아도 되는 요즘 시대에 더 효과적인 공부법으로 널리 활용되고 있습니다.

〈가장 쉬운 초등 속담 따라쓰기〉는 속담 중 초등학생이 알아야 할 속담 100개를 선별하고 인성 발달을 위한 10개의 주제로 나누어 담았습니다. 선조들의 지혜가 담긴 속담을 따라쓰면서 더 똑똑하고 슬기로운 어린이로 자라나길 바랍니다!

1단원

소중한 가족

하루하루 체크하기!

☐ **1일차** 열 손가락 깨물어 안 아픈 손가락 없다
가지 많은 나무에 바람 잘 날 없다

☐ **2일차** 팔이 들이굽지 내굽나
미운 아이 떡 하나 더 준다

☐ **3일차** 형만 한 아우 없다
고슴도치도 제 새끼는 함함하다고 한다

☐ **4일차** 가재는 게 편
윗물이 맑아야 아랫물이 맑다

☐ **5일차** 사촌이 땅을 사면 배가 아프다
호박이 넝쿨째로 굴러 떨어졌다

1 일차

1 열 손가락 깨물어 안 아픈 손가락 없다

열 손가락 중 깨물어서 아프지 않은 손가락이 있을까요? 아마 똑같이 아플 거예요. 부모님에게 자식들도 마찬가지예요. 자식이 아무리 많아도 부모에게는 모두 똑같이 소중하다는 뜻에서 쓰는 속담입니다.

속담은 짧게 줄여서 표현하는 것이 특징이에요. 이 속담은 '열 개의 손가락을 깨물었을 때, 아프지 않은 손가락은 하나도 없다'라는 말을 짧게 줄여서 표현한 거예요.

2 가지 많은 나무에 바람 잘 날 없다

가지가 많고 잎이 무성한 나무는 살랑거리는 바람에도 잎이 흔들려서 쉴 새 없이 바스락거립니다. 자식이 많은 부모님 역시 근심, 걱정이 끊일 날이 없을 거예요. 이 속담에서는 나무의 큰 줄기를 부모님에 비유하고, 잔가지를 자식에 비유하여 자식 걱정으로 한시도 쉴 틈 없는 부모의 마음을 표현하고 있어요.

'바람이 자다'라는 말은 바람이 잠을 자듯 잔잔해지는 것을 말해요.

월 일 오전/오후 :

1 내용에 맞는 낱말에 동그라미 하고, 빈칸에 낱말을 써 보세요.

❶ 열 [손가락 | 발가락] 깨물어 안 아픈 [손가락 | 발가락] 없다.

❷ [ ] 많은 나무에 [ ] 잘 날 없다.

2 큰 소리로 읽으며 속담을 따라 써 보세요.

열 손가락 깨물어 안 아픈 손가락 없다.

열 손가락 깨물어 안 아픈 손가락 없다.

가지 많은 나무에 바람 잘 날 없다.

가지 많은 나무에 바람 잘 날 없다.

3

팔이 들이굽지 내굽나

팔꿈치를 굽히면 팔이 몸쪽으로 꺾이지요? 이처럼 자기 혹은 자기와 가까운 사람에게 더 유리하게 일을 처리하는 것은 사람들이 갖는 보통의 마음이라는 말이에요. 여럿이 놀다가 싸움이 나면 누구랄것도 없이 자기 동생이나 형 편에서 같이 싸울 거예요. 아무리 동생이나 형이 잘못했더라도 말이지요. 이 속담이 바로 그런 상황을 표현한 것이에요. 여러분은 그랬던 적이 있나요?

'들이굽다'는 안쪽으로 구부러지는 것을, '내굽다'는 바깥쪽으로 굽어 꺾이는 것을 말해요.

4

미운 아이 떡 하나 더 준다

미운 친구에게 어떻게 맛있는 떡을 하나 더 줄 수 있을까요? 하지만 이와 비슷한 명언은 세계 여러 나라에 전해 내려오고 있어요. 그만큼 사람들이 함께 어우러져 살아가는데 사랑만큼 중요한 것은 없다는 것을 알려주는 소중한 속담이에요. 보기 싫은 친구가 있나요? 그러면 오늘부터 오히려 더 잘해 주세요.

월 일 오전 오후 :

1 내용에 맞는 낱말에 동그라미 하고, 빈칸에 낱말을 써 보세요.

❶ 미운 | 고운 아이 약 | 떡 하나 더 준다.

❷ 팔이 [ ] 굽지 [ ] 굽나.

2 큰 소리로 읽으며 속담을 따라 써 보세요.

팔이 들이굽지 내굽나.

팔이 들이굽지 내굽나.

팔이 들이굽지 내굽나.

미운 아이 떡 하나 더 준다.

미운 아이 떡 하나 더 준다.

5

형만 한 아우 없다

모든 일에 있어 아우가 형보다 낫지 않다는 말이에요. 예전에 우리 선조들은 장유유서라는 도리를 잘 지켜야 한다고 생각했어요. 즉 어른과 아이 사이에는 엄격하게 지켜야 할 차례가 있다는 것이지요. 그래서 형제를 대할 때도 손윗사람을 더 중시하고 추켜세웠지요. 물론 지금은 그렇지 않은 경우도 많을 거예요. 그러니 상황이 잘 맞아떨어지는 경우에 사용하면 되겠지요?

6

고슴도치도 제 새끼는 함함하다고 한다

털이 바늘같이 꼿꼿한 고슴도치도 자기 새끼의 털은 부드럽다고 쓰다듬는다고 해요. 사람들도 마찬가지로 어느 부모든 자기 자식이 가장 귀엽고 잘나 보인다는 뜻으로, 아무리 자기 자식의 잘못이 있어도 그 잘못을 타이르지 않고 감싸는 경우에 비꼬듯 하는 말입니다.

'함함하다'는 털이 보드랍고 반지르르한 것을 뜻해요.

월 일 오전/오후 :

1 내용에 맞는 낱말에 동그라미 하고, 빈칸에 낱말을 써 보세요.

❶ 형 | 아우 만 한 형 | 아우 없다.

❷ ☐☐☐☐ 도 제 새끼는 ☐☐ 하다고 한다.

2 큰 소리로 읽으며 속담을 따라 써 보세요.

형 만 한 아 우 없 다.

형 만 한 아 우 없 다.

형 만 한 아 우 없 다.

고 슴 도 치 도 제 새 끼 는
함 함 하 다 고 한 다.

고 슴 도 치 도 제 새 끼 는
함 함 하 다 고 한 다.

4 일차

7

가재는 게 편

가재와 게는 모습이나 사는 방식이 비슷하지요? 이처럼 모양이나 형편이 서로 비슷하고 인연이 있는 사람들이 서로 사정을 보아주며 감싸주기 쉽다는 뜻으로 쓰는 말이에요. 아무리 '가재는 게 편'이라도 옳지 않은 일이라면 정확하게 옳고 그름을 가리는 것이 좋겠지요?

비슷한 말로 '같은 무리끼리 서로 사귄다. 유유상종(類類相從)'이라는 한자성어가 있어요.

8

윗물이 맑아야 아랫물이 맑다

계곡의 위쪽에서 구정물을 흘려보내면 어떻게 될까요? 당연히 아랫물이 탁해질 거예요. 반대로 윗쪽 물이 맑다면 아랫쪽 물도 당연히 맑겠지요. 사람들도 마찬가지로 윗사람이 솔선수범하여 좋은 모습을 보이면 아랫사람들도 따라서 잘하게 됩니다. 그러니 오늘부터 동생에게 모범을 보이는 형님이 되어 봅시다.

월　　일　　오전 / 오후　:

1 내용에 맞는 낱말에 동그라미 하고, 빈칸에 낱말을 써 보세요.

❶ 윗물 | 아랫물 이 맑아야 윗물 | 아랫물 이 맑다.

❷ ☐☐ 는 ☐ 편.

2 큰 소리로 읽으며 속담을 따라 써 보세요.

가재는 게 편.

가재는 게 편.

가재는 게 편.

윗물이 맑아야 아랫물이 맑다.

윗물이 맑아야 아랫물이 맑다.

9

사촌이 땅을 사면 배가 아프다

친척 중에서도 가장 가깝다고 하는 사촌이 땅을 샀는데 왜 배가 아플까요? 사람의 마음에는 질투심이 있어서 남이 잘되는 것을 축하하기는커녕 오히려 시기하기도 합니다. 이런 상황을 비유하여 일컫는 속담이에요. 하지만 사람에게 있어 가장 강한 마음은 사랑이라서 처음에는 '사촌이 땅을 사면 배가 아프듯' 조금 질투심이 생기겠지만 곧 진심으로 상대의 기쁨을 축하한답니다.

'사촌'은 아버지나 어머니의 형제의 자식과의 촌수를 일컫는 말로, 나와는 친형제만큼 친한 관계에 있는 사람들이지요.

10

호박이 넝쿨째로 굴러 떨어졌다

호박은 덩굴을 뻗어가며 자라는 식물로, 덩굴마다 주렁주렁 호박이 열리지요. 호박을 하나만 얻어도 행운일 텐데, 덩굴째 내 앞에 떨어졌다면 얼마나 큰 행운이겠어요. 이처럼 생각지 못한 행운을 만났을 때 쓰는 속담이에요.

'넝쿨'은 길게 뻗어가면서 감겨 자라는 식물의 줄기로, '덩굴'이라고도 해요.

월 일 오전 오후 :

1 내용에 맞는 낱말에 동그라미 하고, 빈칸에 낱말을 써 보세요.

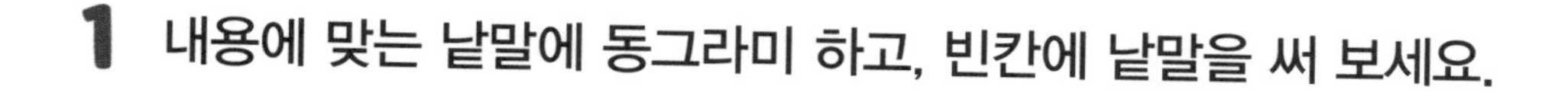

❶ 이웃 사촌 이 땅을 사면 머리 배 가 아프다.

❷ ☐☐☐ 이 ☐☐☐☐☐ 로 굴러 떨어졌다.

2 큰 소리로 읽으며 속담을 따라 써 보세요.

사촌이 땅을 사면 배가 ∨
아프다.
사촌이 땅을 사면 배가 ∨
아프다.

호박이 넝쿨째로 굴러
떨어졌다.
호박이 넝쿨째로 굴러
떨어졌다.

복습하기

1 '팔이 들이굽지 내굽나'라는 속담의 뜻을 골라 보세요.

❶ 자식이 아무리 많아도 부모에게는 모두 소중하다는 말.

❷ 자식이 많은 부모는 근심, 걱정이 끊일 날이 없다는 말.

❸ 자기와 가까운 사람에게 더 유리하게 일을 처리하는 것이 보통 사람들의 마음이라는 말.

❹ 형편이 서로 비슷한 사람들이 서로 사정을 보아주며 감싸 주기 쉽다는 말.

2 '미운 아이 떡 하나 더 준다'라는 속담의 뜻을 골라 보세요.

❶ 미울수록 더 정답게 대해야 미워하는 마음이 가신다는 말.

❷ 자기 자식의 나쁜 점은 모르고 도리어 자랑으로 삼는다는 말.

❸ 윗사람이 좋은 모습을 보이면 아랫사람들도 따라서 잘하게 된다는 말.

❹ 남이 잘되는 것을 기뻐해 주지는 않고 오히려 질투하고 시기한다는 말.

3 내용에 맞게 줄을 이어 속담을 완성해 보세요.

❶ 윗물이 맑아야 •	• ㉠ 배가 아프다.
❷ 가지 많은 나무에 •	• ㉡ 아랫물이 맑다.
❸ 열 손가락 깨물어 •	• ㉢ 바람 잘 날 없다.
❹ 사촌이 땅을 사면 •	• ㉣ 안 아픈 손가락 없다.

월 일 오전 오후 :

4 첫소리를 도움말 삼아 속담을 완성해 보세요.

❶ 형만 한 ㅇ ㅇ 없다.

❷ ㄱ ㅅ ㄷ ㅊ 도 제 새끼는 함함하다고 한다.

❸ ㄱ ㅈ 는 게 편.

❹ ㅎ ㅂ 이 넝쿨째로 굴러 떨어졌다.

5 '윗물이 맑아야 아랫물이 맑다'라는 속담으로 짧은 글짓기를 해 봅시다.

2단원

믿음직한 친구

하루하루 체크하기!

☐ 6일차 친구 따라 강남 간다
바늘 가는 데 실 간다

☐ 7일차 백지장도 맞들면 낫다
먼 사촌보다 가까운 이웃이 낫다

☐ 8일차 사람은 얼굴보다 마음이 고와야 한다
말 한마디에 천 냥 빚도 갚는다

☐ 9일차 달면 삼키고 쓰면 뱉는다
콩으로 메주를 쑨다 하여도 곧이듣지 않는다

☐ 10일차 병 주고 약 준다
방귀 뀐 놈이 성낸다

6
일차

11 친구 따라 강남 간다

여러분은 하고 싶지 않았던 일인데도 친구가 권해서 덩달아 했던 경험이 있나요? 이 속담은 바로 그럴 때 쓰는 말이에요. 좋은 일이라면 함께하면 되겠지만, 나쁜 일이라면 친구도 못하게 해야겠지요?

'강남'은 강의 남쪽 지역을 뜻하는 말이에요.
속담에서 '강남'이라고 하면 아주 먼 지역을 뜻해요.

12 바늘 가는 데 실 간다

바늘만 가지고는 무엇을 꿰맬 수 없어요. 항상 실이 있어야 바늘도 제 역할을 할 수 있지요. 이처럼 둘의 관계가 아주 밀접한 경우에 쓰는 속담이에요.

비슷한 말로 '수어지교(水魚之交), 물과 물고기의 사귐'이라는 한자성어가 있어요. 물을 떠난 물고기는 살 수 없듯이 아주 밀접한 사이를 뜻하는 한자성어입니다.

1 내용에 맞는 낱말에 동그라미 하고, 빈칸에 낱말을 써 보세요.

❶ 친구 | 엄마 따라 한양 | 강남 간다.

❷ [ ] 가는 데 [ ] 간다.

2 큰 소리로 읽으며 속담을 따라 써 보세요.

친	구		따	라		강	남		간	다	.
친	구		따	라		강	남		간	다	.
친	구		따	라		강	남		간	다	.

바	늘		가	는		데		실		간	다	.
바	늘		가	는		데		실		간	다	.
바	늘		가	는		데		실		간	다	.

13

백지장도 맞들면 낫다

종이처럼 가벼운 물건을 들 때도 여럿이 함께 들면 조금이라도 쉽게 옮길 수 있겠지요. 이처럼 쉬운 일이라도 서로 힘을 모아 하라고 선조들이 알려주는 지혜로운 속담입니다. 이 속담처럼 종이 한 장을 같이 들다가 주욱 찢었다고요? 이런, 이런! 속담은 사람들에게 교훈을 주기 위해서 원래의 상황보다 조금 더 과장해서 표현하는 특징이 있어요. 그러니 속담대로 되지 않더라도 속상해하지 마세요.

'백지장'은 하얀 종이의 낱장을 말하는 것으로, 속담에서는 아주 가벼운 물건을 뜻하지요.

14

먼 사촌보다 가까운 이웃이 낫다

이웃끼리 서로 친하게 지내다 보면 먼 곳에 사는 친척보다 더 가깝게 되어 서로 도우며 살게 된다는 뜻입니다. 특히 위급한 일이 생겼을 때 가까이 있는 이웃은 큰 도움이 되지요. 여러분도 친구나 이웃과 정을 나누며 친하게 지내세요.

월 일 오전 오후 :

1 내용에 맞는 낱말에 동그라미 하고, 빈칸에 낱말을 써 보세요.

❶ 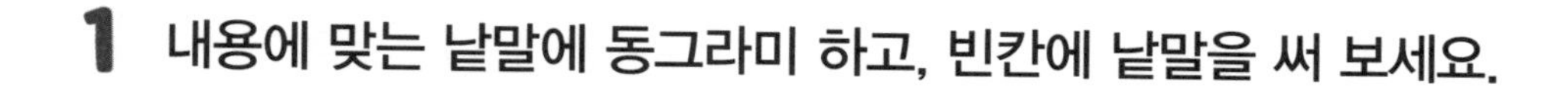

❷ ☐☐☐ 도 맞들면 낫다.

2 큰 소리로 읽으며 속담을 따라 써 보세요.

백 지 장 도 맞 들 면 낫 다.

백 지 장 도 맞 들 면 낫 다.

백 지 장 도 맞 들 면 낫 다.

먼 사 촌 보 다 가 까 운 이
웃 이 낫 다.

먼 사 촌 보 다 가 까 운 이
웃 이 낫 다.

8
일차

15

사람은 얼굴보다 마음이 고와야 한다

사람에게 있어 외모가 잘생긴 것보다 마음씨가 좋은 것이 더 중요함을 이르는 말이에요. 아무리 외모가 멋있는 사람도 마음 씀씀이가 바르지 못하면 그 사람 전부가 나빠 보이는 것이지요. 이 속담은 우리에게 마음을 곱게 가지라는 교훈과 함께, 동화 〈개구리왕자〉의 공주처럼 사람을 외모로만 평가하지 말라는 교훈을 줍니다.

16

말 한마디에 천 냥 빚도 갚는다

말만 잘하면 어려운 일이나 불가능해 보이는 일도 해결할 수 있다는 뜻으로 쓰는 속담입니다. 여기서 말을 잘한다는 것은 말솜씨가 좋다는 뜻도 있지만 진심으로 말을 하는 것을 뜻하지요. 반대로 말 한마디로 천 냥 빚을 질 수도 있으니, 항상 고운 말을 써야겠지요?

'냥'은 옛날에 사용하던 엽전(돈)을 세던 단위를 말해요.
천 냥이면 엄청 큰돈을 말하지요.

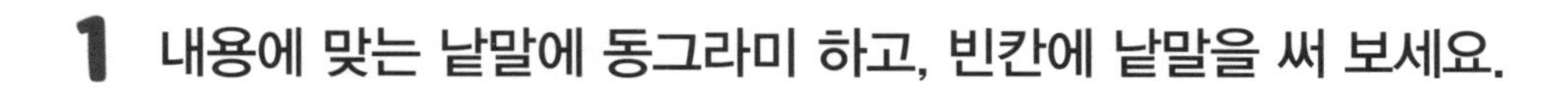

1 내용에 맞는 낱말에 동그라미 하고, 빈칸에 낱말을 써 보세요.

❶ 사람은 얼굴 | 마음 보다 얼굴 | 마음 이 고와야 한다.

❷ [ ] 한마디에 [ ] [ ] [ ] 도 갚는다.

2 큰 소리로 읽으며 속담을 따라 써 보세요.

사람은 얼굴보다 마음이 ∨
고와야 한다.
사람은 얼굴보다 마음이 ∨
고와야 한다.

말 한마디에 천 냥 빚
도 갚는다.
말 한마디에 천 냥 빚
도 갚는다.

9
일차

17

달면 삼키고 쓰면 뱉는다

사람들은 쓰디쓴 약보다는 단 사탕을 좋아해요. 그렇지만 사람들이 살아갈 때는 이처럼 자기의 이익에 따라서 친하게 지냈다가, 멀리했다가 해서는 안 되고 정의와 신뢰에 따라 행동해야 하지요. 이 속담처럼 '달면 삼키고 쓰면 뱉지' 말고 항상 옳고 그름에 따라, 믿음에 따라 행동할 때 좋은 결과가 있을 거예요.

한자성어로는 '감탄고토(甘呑苦吐)'라고 해요.

18

콩으로 메주를 쑨다 하여도 곧이듣지 않는다

메주는 콩으로 만들어야지 팥으로는 만들 수 없어요. 이렇게 아무리 사실대로 말해도 상대가 믿지 않는 경우를 일컫는 속담입니다. 평소에 서로 믿음을 쌓고, 서로의 말을 잘 들어주는 지혜가 필요합니다.

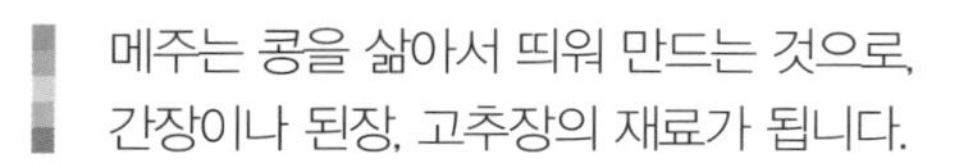
메주는 콩을 삶아서 띄워 만드는 것으로,
간장이나 된장, 고추장의 재료가 됩니다.

월 일 오전 오후 :

1 내용에 맞는 낱말에 동그라미 하고, 빈칸에 낱말을 써 보세요.

❶ 달면 쓰면 삼키고 달면 쓰면 뱉는다.

❷ ☐ 으로 ☐☐ 를 쑨다 하여도 곧이듣지 않는다.

2 큰 소리로 읽으며 속담을 따라 써 보세요.

달	면		삼	키	고		쓰	면		뱉	는
다	.										
달	면		삼	키	고		쓰	면		뱉	는
다	.										

콩	으	로		메	주	를		쑨	다		하
여	도		곧	이	듣	지		않	는	다	.
콩	으	로		메	주	를		쑨	다		하
여	도		곧	이	듣	지		않	는	다	.

10 일차

19 병 주고 약 준다

이 속담은 남을 해치고 나서 약을 주며 그를 구원하는 체한다는 뜻입니다. 이런 행동은 남에게도, 자신에게도 조금도 도움이 되지 않아요.

속담은 간단한 문장 안에서도 대조를 이루는 표현을 통해 자연스럽게 리듬감을 만들어 냅니다 .
'병 주고' – '약 준다'나, '달면 삼키고' – '쓰면 뱉는다'처럼요. 어때요, 랩음악의 가사과 비슷하지 않나요?

20 방귀 뀐 놈이 성낸다

자기가 방귀를 뀌고 오히려 남에게 화를 낸다는 뜻으로, 잘못을 저지른 쪽에서 오히려 남에게 성내는 경우에 쓰는 속담입니다. 사람이 당황하다 보면 나도 모르게 화를 내거나 억지를 부릴 수도 있겠지만, 너무 심하면 안 되겠지요?

비슷한 말로 '도둑이 도리어 매를 든다',
적반하장(賊反荷杖)'이라는 한자성어가 있어요.

월 일 오전/오후 :

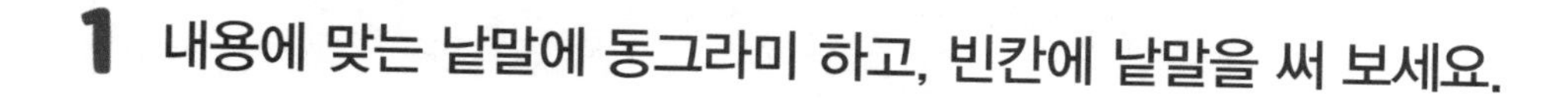

1 내용에 맞는 낱말에 동그라미 하고, 빈칸에 낱말을 써 보세요.

❶ 약 | 병 주고 약 | 병 준다.

❷ ☐☐ 뀐 놈이 성낸다.

2 큰 소리로 읽으며 속담을 따라 써 보세요.

병		주	고		약		준	다	.	
병		주	고		약		준	다	.	
병		주	고		약		준	다	.	

방	귀		뀐		놈	이		성	낸	다	.
방	귀		뀐		놈	이		성	낸	다	.
방	귀		뀐		놈	이		성	낸	다	.

복습하기

1 '콩으로 메주를 쑨다 하여도 곧이듣지 않는다'라는 속담의 뜻을 골라 보세요.

❶ 아무리 사실대로 말해도 상대가 믿지 않는다는 말.

❷ 사람들과의 관계에서 자기의 이익만 앞세우는 행동을 표현한 말.

❸ 말만 잘하면 어려운 일이나 불가능해 보이는 일도 해결할 수 있다는 말.

❹ 이웃끼리 서로 친하게 지내다 보면 먼 곳에 사는 친척보다 더 친하게 되어 서로 도우며 살게 된다는 말.

2 '방귀 뀐 놈이 성낸다'라는 속담의 뜻을 골라 보세요.

❶ 사람의 관계가 아주 밀접한 경우를 일컫는 말.

❷ 잘못을 저지른 사람이 오히려 남에게 화를 낸다는 말.

❸ 남을 해치고 나서 약을 주며 그를 구원하는 체한다는 말.

❹ 사람에게 있어서 외모보다 마음씨가 더 중요하다는 말.

3 내용에 맞게 줄을 이어 속담을 완성해 보세요.

❶ 병 주고 •	• ㉠ 실 간다.
❷ 친구 따라 •	• ㉡ 약 준다.
❸ 바늘 가는 데 •	• ㉢ 강남 간다.
❹ 달면 삼키고 •	• ㉣ 쓰면 뱉는다.

4 첫소리를 도움말 삼아 속담을 완성해 보세요.

❶ ㅂ ㅈ ㅈ 도 맞들면 낫다.

❷ 말 한마디에 ㅊ ㄴ ㅂ 도 갚는다.

❸ 먼 사촌보다 가까운 ㅇ ㅇ 이 낫다.

❹ 사람은 ㅇ ㄱ 보다 ㅁ ㅇ 이 고와야 한다.

5 '방귀 뀐 놈이 성낸다'라는 속담으로 이용해 짧은 글짓기를 해 봅시다.

3단원

지혜로운 마음가짐

하루하루 체크하기!

☐ **11일차** 콩 심은 데 콩 나고 팥 심은 데 팥 난다
하늘이 무너져도 솟아날 구멍이 있다

☐ **12일차** 찬물도 위아래가 있다
십 년이면 강산도 변한다

☐ **13일차** 등잔 밑이 어둡다
무소식이 희소식

☐ **14일차** 싼 것이 비지떡
도둑이 제 발 저리다

☐ **15일차** 아니 땐 굴뚝에 연기 나랴
천 길 물속은 알아도 한 길 사람의 속은 모른다

21

콩 심은 데 콩 나고 팥 심은 데 팥 난다

콩을 심으면 콩이 나는 것은 당연한 일이에요. 이 속담은 모든 일은 근본에 따라 거기에 걸맞은 결과가 나타나는 것을 식물의 생장에 비유한 것입니다. 좋은 마음으로 행동하면 좋은 결과가 생기고, 나쁜 마음으로 하면 좋지 않은 일이 생기지요. 오늘 착한 일을 했다면 곧 좋은 일이 생길 거예요. 이 속담처럼 말이에요.

어려운 표현이지만 한자성어로는 '종두득두(種豆得豆)'라고 해요. 콩을 심으면 콩을 얻는다는 뜻이에요.

22

하늘이 무너져도 솟아날 구멍이 있다

하늘이 폭삭 무너진다면 누구도 살아남지 못할 거예요. 그러나 영화의 주인공처럼 아무리 어려운 경우에 처하더라도 살아나갈 방도가 생긴다는 것을 표현한 속담입니다. 우리 조상들은 낙관적인 태도로 위기를 슬기롭게 극복해 나갔어요. 여러분도 어려운 일이 생길 때 이 속담을 생각하며 용기를 가지세요.

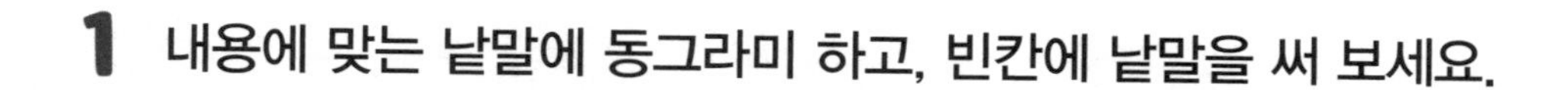

1 내용에 맞는 낱말에 동그라미 하고, 빈칸에 낱말을 써 보세요.

❶ 콩 | 팥 심은 데 콩 나고 콩 | 팥 심은 데 팥 난다.

❷ [ ][ ] 이 무너져도 솟아날 [ ][ ] 이 있다.

2 큰 소리로 읽으며 속담을 따라 써 보세요.

콩 심은 데 콩 나고
팥 심은 데 팥 난다.
콩 심은 데 콩 나고
팥 심은 데 팥 난다.

하늘이 무너져도 솟아날∨
구멍이 있다.
하늘이 무너져도 솟아날∨
구멍이 있다.

23
찬물도 위아래가 있다

우리 선조들은 어른을 깍듯이 대접했어요. 그래서 찬물 한 그릇을 마실 때도 어른부터 드시는 것이 옳다고 생각했지요. 이 속담은 사람들 간에 지키는 도리처럼, 세상 모든 것에는 순서가 있으니 그 차례를 따라 해야 한다는 말로 쓰입니다.

24
십 년이면 강산도 변한다

강이나 산처럼 항상 그 모습 그대로 있을 것 같은 자연도 시간이 지나면 조금씩 변하지요. 이처럼 세월이 흐르게 되면 모든 것이 다 변하게 된다는 뜻으로 쓰는 속담입니다.

비슷한 말로 '뽕나무 밭이 변하여 푸른 바다가 된다', 상전벽해(桑田碧海)'라는 한자성어가 있어요.

월 일 오전 오후 :

1 내용에 맞는 낱말에 동그라미 하고, 빈칸에 낱말을 써 보세요.

❶ 십 년이면 강산 | 바다 도 변한다.

❷ [ ] 도 [ ] 가 있다.

2 큰 소리로 읽으며 속담을 따라 써 보세요.

찬 물 도 위 아 래 가 있 다 .

찬 물 도 위 아 래 가 있 다 .

찬 물 도 위 아 래 가 있 다 .

십 년 이 면 강 산 도 변 한 다 .

십 년 이 면 강 산 도 변 한 다 .

25

등잔 밑이 어둡다

등잔불 아래는 등잔 그림자가 져서 어둡기 마련입니다. 사람도 마찬가지예요. 가까이 지내 잘 알 것 같은 사람이 도리어 상대에 대해서는 객관적으로 알기 어렵다는 뜻이지요. 나아가 항상 자신의 생각이나 판단을 경계하라는 교훈을 주는 속담입니다.

한자성어로는 '등하불명(燈下不明)'이라고 해요.

26

무소식이 희소식

멀리 이사 간 친구에게 소식이 없으면 걱정이 되지요. 하지만 나쁜 일이 생겼다면 분명 소식이 있었을 거예요. 이처럼 소식이 없는 것은 무사히 잘 있다는 것이니 기쁜 소식이나 다름없다는 뜻으로 상대를 위로할 때 쓰는 속담입니다.

'무소식(無消息)'은 '소식이 없다'는 뜻이고, '희소식(喜消息)'은 '기쁜 소식'이라는 뜻입니다.

월 일 오전 오후 :

1 내용에 맞는 낱말에 동그라미 하고, 빈칸에 낱말을 써 보세요.

❶ 띄약볕 | 등잔 밑이 어둡다.

❷ ☐☐☐ 이 희소식.

2 큰 소리로 읽으며 속담을 따라 써 보세요.

등	잔		밑	이		어	둡	다	.		
등	잔		밑	이		어	둡	다	.		
등	잔		밑	이		어	둡	다	.		

무	소	식	이		희	소	식	.			
무	소	식	이		희	소	식	.			
무	소	식	이		희	소	식	.			

27

싼 것이 비지떡

예전에 쌀가루를 빚어 만든 떡은 아주 맛이 좋지만, 값이 비싸서 아무나 쉽게 먹을 수는 없었어요. 그래서 서민들은 맛은 없지만, 값이 싼 비지떡을 먹었지요. 이렇게 값이 싼 물건은 품질도 그만큼 나쁘기 마련이라는 뜻으로 쓰는 속담입니다.

'비지떡'이란 두부를 만들고 남은 찌꺼기인 비지에 쌀가루나 밀가루를 섞어 둥글넓적하게 부쳐 낸 떡을 말해요.

28

도둑이 제 발 저리다

잘못을 저질렀을 때 여러분은 어떤 마음이 드나요? 이 속담에 나오는 도둑도 물건을 훔쳤기 때문에 마음이 조마조마하고 발이 저리기까지 했던 거예요. 이처럼 죄를 지으면 자연히 마음이 불안해짐을 비유하여 이르는 말입니다.

'제'라는 말은 '자기의'라는 뜻입니다.

월 일 오전 오후 :

1 내용에 맞는 낱말에 동그라미 하고, 빈칸에 낱말을 써 보세요.

❶ 도둑이 제 손 | 발 저리다.

❷ 싼 것이 ☐☐☐.

2 큰 소리로 읽으며 속담을 따라 써 보세요.

싼		것	이		비	지	떡	.			
싼		것	이		비	지	떡	.			
싼		것	이		비	지	떡	.			

도	둑	이		제		발		저	리	다	.
도	둑	이		제		발		저	리	다	.
도	둑	이		제		발		저	리	다	.

15 일차

29 아니 땐 굴뚝에 연기 나랴

옛날 집에는 방을 덥히기 위해 불을 때는 아궁이가 있었어요. 아궁이에 나무로 불을 때면 그 연기가 굴뚝으로 올라 오지요. 이렇듯 모든 일에는 원인이 있고 그에 따라 결과가 나타나지요. 거꾸로 어떤 상황이 벌어졌다면 그 원인이 있기 마련이라는 뜻으로 쓰는 속담입니다.

30 천 길 물속은 알아도 한 길 사람의 속은 모른다

물은 그 깊이를 잴 수 있고, 산도 높이를 잴 수 있어요. 하지만 사람의 속마음은 남이 알기 매우 어렵지요. 자기 자신의 마음조차도 말이에요. 이 말은 평소에 잘 알고 지내던 사람이 예상치 못한 행동을 했을 때 쓰는 속담입니다.

'길'은 길이의 단위로 한 길은 사람의 키 정도 되는 길이를 말해요. 천 길이라면 엄청나게 큰 깊이인데, 사람의 마음이 그보다도 더 깊다면 대체 얼마나 깊은 걸까요?

월 일 오전/오후 :

1 내용에 맞는 낱말에 동그라미 하고, 빈칸에 낱말을 써 보세요.

❶ 아니 땐 굴뚝에 그을음 | 연기 나랴.

❷ 천 길 [ ] 속은 알아도 한 길 [ ] 의 속은 모른다.

2 큰 소리로 읽으며 속담을 따라 써 보세요.

아니 땐 굴뚝에 연기 나랴.

아니 땐 굴뚝에 연기 나랴.

천 길 물속은 알아도 한 길 사람의 속은 모른다.

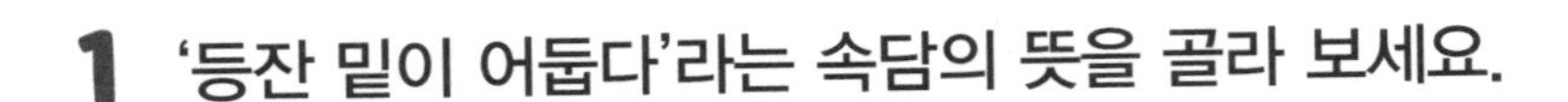

복습하기

1 '등잔 밑이 어둡다'라는 속담의 뜻을 골라 보세요.

❶ 모든 일에는 원인이 있고 그에 따라 결과가 나타난다는 말.

❷ 아무리 어려운 경우에 처하더라도 살아 나갈 방도가 생긴다는 말.

❸ 평소에 잘 알고 지내던 사람이 예상치 못한 행동을 한다는 말.

❹ 가까이 지내 잘 알 것 같은 사람이 도리어 상대에 대해서는 객관적으로 알기 어렵다는 말.

2 '도둑이 제 발 저리다'라는 속담의 뜻을 골라 보세요.

❶ 세월이 흐르게 되면 모든 것이 다 변하게 된다는 말.

❷ 값이 싼 물건은 품질도 그만큼 나쁘게 마련이라는 말.

❸ 지은 죄가 있으면 자연히 마음이 조마조마해진다는 말.

❹ 세상 모든 것에는 순서가 있으니, 그 차례를 따라 해야 한다는 말.

3 내용에 맞게 줄을 이어 속담을 완성해 보세요.

❶ 십 년이면 •	• ㉠ 강산도 변한다.
❷ 하늘이 무너져도 •	• ㉡ 팥 심은 데 팥 난다.
❸ 콩 심은 데 콩 나고 •	• ㉢ 솟아날 구멍이 있다.
❹ 천 길 물속은 알아도 •	• ㉣ 한 길 사람의 속은 모른다.

4 첫소리를 도움말 삼아 속담을 완성해 보세요.

❶ 싼 것이 ㅂ ㅈ ㄸ .

❷ 무소식이 ㅎ ㅅ ㅅ .

❸ 찬물도 ㅇ ㅇ ㄹ 가 있다.

❹ 아니 땐 ㄱ ㄸ 에 ㅇ ㄱ 나랴.

5 '등잔 밑이 어둡다'라는 속담으로 짧은 글짓기를 해 봅시다.

4단원

재미있는 동물

하루하루 체크하기!

- ☐ **16일차** 꿩 대신 닭 / 원숭이도 나무에서 떨어진다
- ☐ **17일차** 낮말은 새가 듣고, 밤말은 쥐가 듣는다 / 까마귀 날자 배 떨어진다
- ☐ **18일차** 도랑 치고 가재 잡기 / 하룻강아지 범 무서운 줄 모른다
- ☐ **19일차** 고래 싸움에 새우 등 터진다 / 소 잃고 외양간 고친다
- ☐ **20일차** 닭 잡아먹고 오리발 내놓기 / 똥 묻은 개가 겨 묻은 개 나무란다

31

꿩 대신 닭

예전에는 명절이나 귀한 손님이 오면 꿩을 잡아 와 음식을 차렸지요. 꿩이 없을 때는 어쩔 수 없이 꿩과 비슷한 닭을 잡아 요리했어요. 이 속담은 꼭 적당한 것이 없을 때 그와 비슷한 것으로 대신하는 것을 표현한 말입니다.

32

원숭이도 나무에서 떨어진다

원숭이는 나무타기의 명수예요. 그런 원숭이도 가끔은 손을 놓쳐 나무에서 떨어질 때가 있답니다. 이처럼 아무리 익숙하고 잘하는 사람이라도 간혹 실수할 때가 있는데, 그 상황에 쓸 수 있는 속담입니다. 그러니 잘하는 것이 있어도 신중하게 행동하는 것이 좋겠지요.

월 일 오전 오후 :

1 내용에 맞는 낱말에 동그라미 하고, 빈칸에 낱말을 써 보세요.

❶ 꿩 | 닭 대신 꿩 | 닭 .

❷ ☐☐☐ 도 나무에서 떨어진다.

2 큰 소리로 읽으며 속담을 따라 써 보세요.

꿩 대신 닭.

꿩 대신 닭.

꿩 대신 닭.

원숭이도 나무에서 떨어진다.

원숭이도 나무에서 떨어진다.

33

낮말은 새가 듣고, 밤말은 쥐가 듣는다

친구에게 비밀을 털어놓은 적이 있나요? 남의 흉을 본 적이 있나요? 아무리 조심해도 어느새 이야기가 퍼져 문제가 생깁니다. 어쩌면 새나 쥐가 소문을 퍼트렸을 수 있어요. 그러니 아무도 안 듣는 데서라도 말조심하는 것이 좋아요.

34

까마귀 날자 배 떨어진다

배나무에 앉아 있던 까마귀가 날아가자마자 배 한 알이 뚝 떨어졌어요. 지나가던 행인이 이를 보고는 까마귀 때문에 배가 떨어졌다고 말했어요. 과연 이게 사실일까요? 이처럼 아무 관계 없는 일이 어쩌다 같이 생겨서 관계가 있는 것처럼 오해를 받을 때 쓰는 속담입니다. 대개 나쁜 상황에서 쓰는 말입니다.

한자성어로는 '오비이락(烏飛梨落)'이라고 해요.

월 일 오전 오후 :

1 내용에 맞는 낱말에 동그라미 하고, 빈칸에 낱말을 써 보세요.

❶ 까마귀 | 봉황 날자 배 떨어진다.

❷ ☐☐은 새가 듣고, ☐☐은 쥐가 듣는다.

2 큰 소리로 읽으며 속담을 따라 써 보세요.

낮말은 새가 듣고, 밤말은 쥐가 듣는다.

낮말은 새가 듣고, 밤말은 쥐가 듣는다.

까마귀 날자 배 떨어진다.

까마귀 날자 배 떨어진다.

18 일차

35

도랑 치고 가재 잡기

논에 물을 빼기 위해 도랑을 치다 보면 바닥에 숨어 있던 가재를 잡을 수 있어요. 이처럼 한 가지 일로 두 가지 이상의 이득을 얻게 되는 상황에서 쓰는 속담입니다. 또 다른 의미로는 가재를 잡기 전에 먼저 도랑을 치면 가재가 놀라 도망가기 때문에 한동안은 가재를 잡을 수 없어요. 이처럼 일의 순서가 바뀌면 애쓴 보람이 나타나지 않는다는 뜻으로도 씁니다.

36

하룻강아지 범 무서운 줄 모른다

나이가 어린 강아지가 산중의 왕 호랑이에게 덤볐어요. 이처럼 자신의 주제를 모르고 철없이 함부로 덤비는 상황에 쓰는 속담입니다. 상황을 제대로 판단하지 않고 행동하는 것은 용기와는 다르니, 깊이 생각한 후 행동해야 합니다.

'하룻강아지'는 나이가 한 살 된 강아지를, '범'은 호랑이를 뜻해요.
또 비슷한 말로 '사마귀가 수레를 멈추려 한다, 당랑거철(螳螂拒轍)'이라는 한자성어가 있어요.

월 일 오전 오후 :

1 내용에 맞는 낱말에 동그라미 하고, 빈칸에 낱말을 써 보세요.

❶ 도랑 | 골목 치고 게 | 가재 잡기.

❷ 하룻 ☐☐☐ ☐ 무서운 줄 모른다.

2 큰 소리로 읽으며 속담을 따라 써 보세요.

도랑 치고 가재 잡기.

도랑 치고 가재 잡기.

도랑 치고 가재 잡기.

하룻강아지 범 무서운 줄 모른다.

하룻강아지 범 무서운 줄 모른다.

19
일차

37

고래 싸움에 새우 등 터진다

바다의 왕 고래들이 한 판 붙었어요. 옆을 지나던 새우가 고래들의 싸움에 휘말려 고생을 하고 있네요. 이처럼 강한 자들의 싸움에 휘말려 아무 상관도 없는 약자가 피해를 보게 되는 경우에 쓰는 속담입니다.

38

소 잃고 외양간 고친다

외양간을 고치지 않아서 소를 도둑맞았어요. 그 뒤에야 수선을 떨며 외양간을 고친다면 무슨 소용이겠어요. 이처럼 일이 이미 잘못된 뒤에는 손을 써도 소용이 없다는 뜻으로 쓰는 속담입니다. 하지만 나중을 위해서는 늦었더라도 고치는 것이 좋겠지요?

'외양간'은 말이나 소를 가두어 기르는 곳을 말해요.

월 일 오전 오후 :

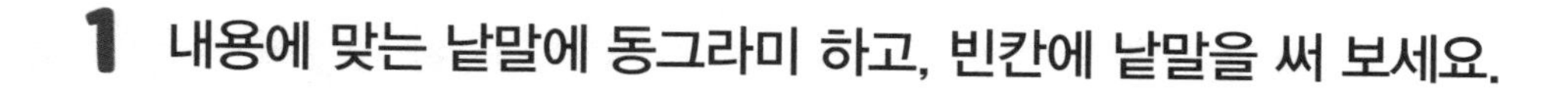

1 내용에 맞는 낱말에 동그라미 하고, 빈칸에 낱말을 써 보세요.

❶ 소 잃고 외양간 | 푸줏간 고친다.

❷ ☐☐ 싸움에 ☐☐ 등 터진다.

2 큰 소리로 읽으며 속담을 따라 써 보세요.

고	래		싸	움	에		새	우		등	
터	진	다	.								
고	래		싸	움	에		새	우		등	
터	진	다	.								

소		잃	고		외	양	간		고	친	다.
소		잃	고		외	양	간		고	친	다.
소		잃	고		외	양	간		고	친	다.

39

닭 잡아먹고 오리발 내놓기

닭을 잡아먹고서 오리를 먹었다고 시치미를 떼면서 그 증거로 오리발을 내민다는 뜻입니다. 옳지 못한 일을 저질러 놓고 엉뚱한 수작으로 속여 넘기려 하는 상황에서 쓰는 속담입니다.

40

똥 묻은 개가 겨 묻은 개 나무란다

입에 똥을 묻힌 개가 다른 개에게 겨가 묻었다며 흉을 보네요. 우습지요? 이처럼 자기는 더 큰 흉이 있으면서 도리어 남의 작은 흉을 볼 때 쓰는 속담입니다. 비슷한 뜻으로 '사돈 남 나무란다'라는 속담이 있어요.

'겨'는 벼나 보리 같은 곡식을 찧어 벗겨 낸 껍질을 말해요.

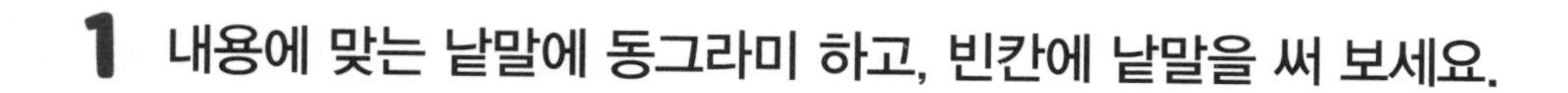

1 내용에 맞는 낱말에 동그라미 하고, 빈칸에 낱말을 써 보세요.

❶ 똥 | 겨 묻은 개가 똥 | 겨 묻은 개 나무란다.

❷ [ ] 잡아먹고 [ ] [ ] [ ] 내놓기.

2 큰 소리로 읽으며 속담을 따라 써 보세요.

닭 잡아먹고 오리발 내놓기.

닭 잡아먹고 오리발 내놓기.

똥 묻은 개가 겨 묻은 개 나무란다.

똥 묻은 개가 겨 묻은 개 나무란다.

복습하기

1 '꿩 대신 닭'이라는 속담의 뜻을 골라 보세요.

❶ 한 가지 일로 두 가지 이상의 이득을 얻는다는 말.

❷ 꼭 적당한 것이 없을 때 그와 비슷한 것으로 대신한다는 말.

❸ 옳지 못한 일을 저질러 놓고 엉뚱한 수작으로 속여 넘기려 한다는 말.

❹ 아무 관계 없는 일이 어쩌다 같이 생겨서 관계가 있는 것처럼 오해를 받는다는 말.

2 '하룻강아지 범 무서운 줄 모른다'라는 속담의 뜻을 골라 보세요.

❶ 철없이 함부로 덤비는 것을 일컫는 말.

❷ 아무리 익숙하고 잘하는 사람이라도 간혹 실수할 때가 있다는 말.

❸ 자기는 더 큰 흉이 있으면서 도리어 남의 작은 흉을 본다는 말.

❹ 강한 자들의 싸움에 휘말려 아무 상관도 없는 약자가 피해를 보게 되는 것을 일컫는 말.

3 내용에 맞게 줄을 이어 속담을 완성해 보세요.

❶ 까마귀 날자 •	• ㉠ 배 떨어진다.
❷ 닭 잡아먹고 •	• ㉡ 오리발 내놓기.
❸ 똥 묻은 개가 •	• ㉢ 밤말은 쥐가 듣는다.
❹ 낮말은 새가 듣고 •	• ㉣ 겨 묻은 개 나무란다.

4 첫소리를 도움말 삼아 속담을 완성해 보세요.

❶ ㄷ ㄹ 치고 가재 잡기.

❷ 소 잃고 ㅇ ㅇ ㄱ 고친다.

❸ ㅇ ㅅ ㅇ 도 나무에서 떨어진다.

❹ 고래 싸움에 ㅅ ㅇ 등 터진다.

5 '닭 잡아먹고 오리발 내놓기'라는 속담으로 짧은 글짓기를 해 봅시다.

5단원

즐거운 생활

하루하루 체크하기!

□ 21일차 가는 날이 장날이다
개똥도 약에 쓰려면 없다

□ 22일차 누이 좋고 매부 좋다
하나를 보고 열을 안다

□ 23일차 가물에 콩 나듯 한다
누워서 침 뱉기

□ 24일차 도토리 키 재기
마른하늘에 날벼락

□ 25일차 쥐구멍에도 별 들 날 있다
혹 떼러 갔다 혹 붙여 온다

21
일차

41

가는 날이 장날이다

옛날에는 5일이나 열흘에 한 번씩 장이 섰기 때문에 장날 일을 보기 쉬웠어요. 어쩌다 나갔는데 그날이 장날이라면 행운이었겠지요? 이처럼 어떤 일을 하려고 하는데 우연히 생각지도 않았던 일이 생기는 경우에 쓰는 속담이에요. 좋은 상황에서나 나쁜 상황에서나 모두 쓸 수 있어요.

'장날'은 장이 서는 날을 말하는데, 보통 닷새 만에 서면 5일장, 이레 만에 서면 7일장이라고 해요.

42

개똥도 약에 쓰려면 없다

지금은 길거리에 개똥이 없지만, 옛날에는 발에 채는 게 개똥이었어요. 이처럼 평소에 흔하던 것도 막상 약으로 쓰려고 구하면 찾기 어렵다는 뜻으로 쓰는 속담입니다.

속담은 옛날 우리의 일상을 아주 편하고 자연스럽게 표현한 말이기 때문에, 격이 낮은 표현이 많아요. 그래서 동물 중 흔하고 낮은 것을 나타내는 '개'나 더럽고 지저분한 것을 나타내는 '똥'과 같은 낱말이 자주 쓰입니다.

월 일 오전 오후 :

1 내용에 맞는 낱말에 동그라미 하고, 빈칸에 낱말을 써 보세요.

❶ 개똥 | 소똥 도 약에 쓰려면 없다.

❷ 가는 날이 [   ] 이다.

2 큰 소리로 읽으며 속담을 따라 써 보세요.

가는 날이 장날이다.

가는 날이 장날이다.

가는 날이 장날이다.

개똥도 약에 쓰려면 없다.

개똥도 약에 쓰려면 없다.

22
일차

43

누이 좋고 매부 좋다

누이에게 좋은 일을 하면 누이의 남편인 매부에게도 좋은 상황이겠지요. 이처럼 어떤 일이 서로 다 이롭고 좋을 때 쓰는 속담입니다. '도랑 치고, 가재 잡고'라는 속담에도 비슷한 뜻이 있습니다.

'매부'는 손위 누이나 손아래 누이의 남편을 이르거나 부르는 말이에요.

44

하나를 보고 열을 안다

이 속담은 일부만 보고 전체를 미루어 안다는 말이에요. 하나의 원리를 깨우치면 열 가지 현상을 파악할 수 있는 천재처럼 매우 똑똑한 사람을 비유하지요. 또는 한 가지 상황만 보고 다른 상황까지 미루어 추측하는 것을 뜻하기도 합니다.

한자성어로는 '하나를 들으면 열을 안다.'
문일지십(聞一知十)이라고 표현해요.

1 내용에 맞는 낱말에 동그라미 하고, 빈칸에 낱말을 써 보세요.

❶ 누이 | 매부 좋고 누이 | 매부 좋다.

❷ [ ] 를 보고 [ ] 을 안다.

2 큰 소리로 읽으며 속담을 따라 써 보세요.

누이 좋고 매부 좋다.

누이 좋고 매부 좋다.

누이 좋고 매부 좋다.

하나를 보고 열을 안다.

하나를 보고 열을 안다.

하나를 보고 열을 안다.

23 일차

45

가뭄에 콩 나듯 한다

원래 콩은 환경이 좋지 않은 상황에서도 잘 자란답니다. 하지만 가뭄이 들면 아무리 콩이라 해도 드문드문 싹을 틔우죠. 어떤 일이나 물건이 어쩌다 하나씩 드문드문 있는 경우를 비유하는 속담입니다.

'가물'은 '가뭄'과 같은 말로, '오래도록 비가 오지 않는 날씨'를 이르는 말이에요. '가물다'라는 낱말에서 생겨난 것입니다.

46

누워서 침 뱉기

누워서 침을 뱉으면 그 침이 어디에 떨어지나요? 자기 얼굴에 뚝 떨어지지요. 이처럼 남에게 한 나쁜 짓이 도리어 자기에게 돌아와 스스로 해를 입게 되는 상황을 비유하는 속담입니다. 그러니 애초부터 나쁜 마음은 먹지 않는 것이 좋겠습니다.

월 일 오전 오후 :

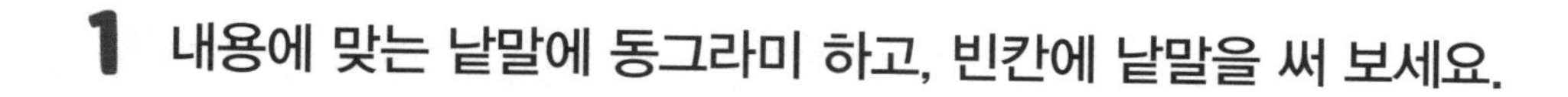

1 내용에 맞는 낱말에 동그라미 하고, 빈칸에 낱말을 써 보세요.

❶ 가물 | 홍수 에 콩 나듯 한다.

❷ 누워서 [   ] 뱉기.

2 큰 소리로 읽으며 속담을 따라 써 보세요.

가	물	에		콩		나	듯		한	다	.
가	물	에		콩		나	듯		한	다	.
가	물	에		콩		나	듯		한	다	.

누	워	서		침		뱉	기	.			
누	워	서		침		뱉	기	.			
누	워	서		침		뱉	기	.			

24 일차

47 도토리 키 재기

동글동글 도토리가 서로 키를 재면서 자기가 더 크다고 말다툼을 하고 있어요. 사실 아무리 커봤자 차이가 거의 없는데도 말이에요. 이처럼 실력이 비슷비슷한 사람끼리 서로 다투는 상황을 비유하는 속담입니다.

48 마른하늘에 날벼락

벼락은 보통 큰비가 내릴 때 치지요. 그런데 맑은 하늘에도 갑자기 벼락이 칠 때가 있어요. 이처럼 예상하지도 못한 상황에서 뜻밖에 재난을 입는 것을 비유하는 속담입니다.

'마른하늘'은 비나 눈이 오지 아니하는 맑게 갠 하늘을 말해요. 그리고 한자성어로는 '청천벽력(靑天霹靂)'이라고 해요.

월 일 오전 오후 :

1 내용에 맞는 낱말에 동그라미 하고, 빈칸에 낱말을 써 보세요.

❶ 마른하늘에 | 뙤약볕 | 날벼락 | .

❷ [ ] 키 재기.

2 큰 소리로 읽으며 속담을 따라 써 보세요.

도토리 키 재기.

도토리 키 재기.

도토리 키 재기.

마른하늘에 날벼락.

마른하늘에 날벼락.

마른하늘에 날벼락.

49

쥐구멍에도 볕 들 날 있다

캄캄한 쥐구멍에도 어느 날에는 쨍하고 햇볕이 들 거라는 뜻으로, 고생하는 사람을 격려할 때 쓰는 속담입니다. 어렵고 힘든 일이 있더라도 희망을 품고 기다려 보세요. 반드시 좋은 날이 올 거예요.

50

혹 떼러 갔다 혹 붙여 온다

옛날 어느 마을에 혹부리 영감이 도깨비를 만나 혹을 떼내고 부자가 되었다는 소문이 돌았어요. 같은 마을에 사는 욕심쟁이 혹부리 영감이 자기도 혹을 떼려고 도깨비를 찾아갔어요. 지난번 혹부리 영감에게 혹을 받았던 도깨비는 자기가 속은 것을 알고 이번에 찾아온 욕심쟁이 혹부리 영감에게 그 혹을 붙여 돌려보냈대요. 이 속담은 지나친 욕심을 부리거나 자기의 부담을 덜려고 하다가 다른 일까지도 떠맡게 된 경우에 쓰는 속담입니다.

월 일 오전 오후 :

1 내용에 맞는 낱말에 동그라미 하고, 빈칸에 낱말을 써 보세요.

❶ 쥐구멍에도 별 비 들 날 있다.

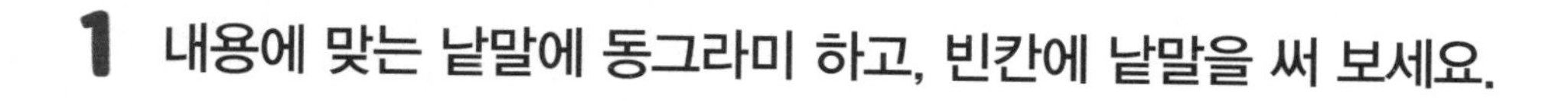

❷ ☐ 떼러 갔다 ☐ 붙여 온다.

2 큰 소리로 읽으며 속담을 따라 써 보세요.

쥐구멍에도 별 들 날 있다.

쥐구멍에도 별 들 날 있다.

혹 떼러 갔다 혹 붙여 온다.

혹 떼러 갔다 혹 붙여 온다.

복습하기

1 **'누워서 침 뱉기'라는 속담의 뜻을 골라 보세요.**

❶ 어떤 일이 서로 다 이롭고 좋다는 말.

❷ 일부만 보고 전체를 미루어 안다는 말.

❸ 예상하지도 못한 상황에서 뜻밖에 재난을 입는다는 말.

❹ 남에게 한 나쁜 짓이 도리어 자기에게 돌아와 스스로 해를 입게 된다는 말.

2 **'가물에 콩 나듯 한다'라는 속담의 뜻을 골라 보세요.**

❶ 실력이 비슷비슷한 사람끼리 서로 다투는 모습을 일컫는 말.

❷ 평소에 흔하던 것도 막상 약으로 쓰려고 구하면 찾기 어렵다는 말.

❸ 어떤 일이나 물건이 어쩌다 하나씩 드문드문 있는 것을 일컫는 말.

❹ 어떤 일을 하는데 우연히 생각지도 않았던 일이 생기는 것을 일컫는 말.

3 **내용에 맞게 줄을 이어 속담을 완성해 보세요.**

❶ 누이 좋고	•	• ㉠ 매부 좋다.
❷ 쥐구멍에도	•	• ㉡ 열을 안다.
❸ 하나를 보고	•	• ㉢ 혹 붙여 온다.
❹ 혹 떼러 갔다	•	• ㉣ 별 들 날 있다.

4 첫소리를 도움말 삼아 속담을 완성해 보세요.

❶ ㄷ ㅌ ㄹ 키 재기.

❷ 마른하늘에 ㄴ ㅂ ㄹ .

❸ 가는 날이 ㅈ ㄴ 이다.

❹ ㄱ ㄸ 도 약에 쓰려면 없다.

5 '누워서 침 뱉기'라는 속담으로 짧은 글짓기를 해 봅시다.

6단원

노력의 가치

하루하루
체크하기!

- ☐ 26일차 천 리 길도 한 걸음부터
  고생 끝에 낙이 온다
- ☐ 27일차 공든 탑이 무너지랴
  구슬이 서 말이라도 꿰어야 보배
- ☐ 28일차 구르는 돌은 이끼가 안 낀다
  땅 짚고 헤엄치기
- ☐ 29일차 티끌 모아 태산
  누워서 떡 먹기
- ☐ 30일차 꿩 먹고 알 먹기
  열 번 찍어 안 넘어가는 나무 없다

26
일차

51

천 리 길도 한 걸음부터

천 리나 되는 거리를 가려 해도 먼저 한 걸음부터 떼야겠지요? 무슨 일이나 그 일의 시작이 중요하다는 뜻으로 쓰는 속담입니다. 오늘부터 결심한 것이 있다면, 미루지 말고 바로 지금 시작하세요. 어느날 뒤돌아 보면 오늘 결심했던 것이 다 이루어져 있을 거예요.

비슷한 말로 '높은 곳에 오르려면 낮은 곳에서부터 오른다'라는 뜻의 '등고자비(登高自卑)'라는 한자성어가 있어요.

52

고생 끝에 낙이 온다

어려운 일이나 고된 일을 겪은 뒤에는 반드시 즐겁고 좋은 일이 생긴다는 뜻의 속담입니다. 어려움을 겪고 있는 친구를 격려할 때 이렇게 말하면 좋겠지요?

한자성어로는 '고진감래(苦盡甘來)'라고 해요.

월 일 오전 오후 :

1 내용에 맞는 낱말에 동그라미 하고, 빈칸에 낱말을 써 보세요.

❶ 고생 | 낙 끝에 고생 | 낙 이 온다.

❷ 천 [ ] 길도 한 [ ] [ ] 부터.

2 큰 소리로 읽으며 속담을 따라 써 보세요.

천 리 길도 한 걸음부터.

천 리 길도 한 걸음부터.

고생 끝에 낙이 온다.

고생 끝에 낙이 온다.

고생 끝에 낙이 온다.

27
일차

53

공든 탑이 무너지랴

돌을 하나씩 하나씩 고르고 골라 탑을 쌓으면 틈새가 없어 잘 무너지지 않습니다. 이처럼 힘을 다하고 정성을 다하여 한 일은 그 결과가 반드시 좋을 거라는 뜻으로 쓰는 속담입니다. 속담은 교훈을 주기 위해서 생긴 표현이에요. 그래서 사람들이 잘 기억할 수 있도록 되묻는 듯한 표현으로 된 것이 있어요. 이 속담처럼 '무너지랴?'하는 말 속에는 '절대 무너지지 않는다'라는 뜻이 담겨 있지요.

'공들이다'라는 말은 무엇을 할 때 정성과 노력을 들이는 태도를 말해요.

54

구슬이 서 말이라도 꿰어야 보배

서 말이나 되는 그 많은 구슬을 바구니에 담아놔 봐야 쓸모가 없지요. 실로 꿰어서 목걸이라도 만들어야 가치가 생깁니다. 이처럼 아무리 훌륭하고 좋은 것이라도 다듬고 정리해야 쓸모도 있고 값어치가 있다는 뜻으로 쓰는 속담입니다.

곡식 등의 부피를 재는 단위가 '말'인데, '서 말'이라면 큰 병 음료수가 40개 정도나 되는 엄청 많은 양을 말해요.

월 일 오전 오후 :

1 내용에 맞는 낱말에 동그라미 하고, 빈칸에 낱말을 써 보세요.

❶ 구슬 | 콩 이 서 말이라도 꿰어야 메주 | 보배 .

❷ 공든 ☐☐ 이 무너지랴.

2 큰 소리로 읽으며 속담을 따라 써 보세요.

공든 탑이 무너지랴.

공든 탑이 무너지랴.

공든 탑이 무너지랴.

구슬이 서 말이라도 꿰어야 보배.

구슬이 서 말이라도 꿰어야 보배.

28
일차

55
구르는 돌은 이끼가 안 낀다

비탈길에 있는 돌은 굴러다니느라 이끼가 앉을 틈이 없지요. 사람들도 마찬가지예요. 부지런하고 꾸준히 노력하는 사람은 계속 발전한다는 뜻을 표현할 때 쓰는 속담입니다.

이끼는 바위나 고목, 습지에서 자라는 식물이에요.

56
땅 짚고 헤엄치기

수영을 배울 때 가장 어려운 것은 바로 물에 뜨는 것이에요. 그런데 이 속담처럼 얕은 물에서 바닥을 짚어가며 물장구를 치면 참 쉽겠지요? 이것은 일이 매우 쉬울 때를 비유해서 쓰는 속담입니다.

같은 뜻으로 '누워서 떡 먹기'라는 속담이 있어요.

1 내용에 맞는 낱말에 동그라미 하고, 빈칸에 낱말을 써 보세요.

❶ 구르는 구슬 | 돌 은 보배 | 이끼 가 안 낀다.

❷ [ ] 짚고 [ ] 치기.

2 큰 소리로 읽으며 속담을 따라 써 보세요.

구르는 돌은 이끼가 안 낀다.

구르는 돌은 이끼가 안 낀다.

땅 짚고 헤엄치기.

땅 짚고 헤엄치기.

땅 짚고 헤엄치기.

29
일차

57

티끌 모아 태산

티끌처럼 아무리 작은 것이라도 모이고 모이면 태산처럼 큰 덩어리가 된다는 뜻으로 쓰는 속담입니다. 특히 절약하는 생활 습관이 얼마나 중요한지를 비유할 때 자주 씁니다.

'태산'은 중국에 있는 산인데, 예로부터 '크고 높은 산'을 나타내는 말로 쓰입니다.

58

누워서 떡 먹기

편안하게 누워서 떡과 같은 간식을 먹는 일은 정말 쉽지요. 이처럼 하기가 매우 쉬운 것을 비유하는 속담입니다. 비슷한 속담으로 '땅 짚고 헤엄치기'가 있어요.

비슷한 말로 '주머니에서 물건 잡기, 낭중취물(囊中取物)'이라는 한자성어가 있어요.

1 내용에 맞는 낱말에 동그라미 하고, 빈칸에 낱말을 써 보세요.

❶ 티끌 | 겨 모아 백두산 | 태산 .

❷ 누워서 ☐ 먹기.

2 큰 소리로 읽으며 속담을 따라 써 보세요.

티	끌		모	아		태	산	.			
티	끌		모	아		태	산	.			
티	끌		모	아		태	산	.			

누	워	서		떡		먹	기	.			
누	워	서		떡		먹	기	.			
누	워	서		떡		먹	기	.			

59

꿩 먹고 알 먹기

사냥을 나가서 꿩을 잡았는데, 둥지에 알까지 있네요. 이처럼 한 가지 일을 했는데 두 가지 이상의 이익을 보는 것을 비유하는 말이에요. 비슷한 속담으로 '도랑 치고 가재 잡기'가 있어요.

비슷한 말로 '한 번 손을 써서 두 가지 이득을 얻는다. 일거양득(一擧兩得)'이라는 한자성어가 있어요.

60

열 번 찍어 안 넘어가는 나무 없다

나무처럼 뜻이 굳은 사람이라도 여러 번 권하거나 꾀고 달래면 결국은 마음이 변한다는 뜻의 속담입니다. 또 아무리 어려운 일이라도 한 번, 두 번 계속하다 보면 원하는 대로 이루어진다는 뜻도 있어요. 그러니 무슨 일이든 처음에 안 된다고 쉽게 포기하지 말고, 될 때까지 끈기를 갖고 도전하세요.

한자성어로는 '십벌지목(十伐之木)'이라고 해요.

1 내용에 맞는 낱말에 동그라미 하고, 빈칸에 낱말을 써 보세요.

❶ 닭 | 꿩 먹고 달걀 | 알 먹기.

❷ 열 번 찍어 안 넘어가는 [ ] 없다.

2 큰 소리로 읽으며 속담을 따라 써 보세요.

꿩 먹고 알 먹기.

꿩 먹고 알 먹기.

꿩 먹고 알 먹기.

열 번 찍어 안 넘어가는 나무 없다.

열 번 찍어 안 넘어가는 나무 없다.

복습하기

1 '천 리 길도 한 걸음부터'라는 속담의 뜻을 골라 보세요.

❶ 무슨 일이나 그 일의 시작이 중요하다는 말.

❷ 한 가지 일을 했는데 두 가지 이상의 이익을 보는 것을 일컫는 말.

❸ 어려운 일이나 고된 일을 겪은 뒤에는 반드시 즐겁고 좋은 일이 생긴다는 말.

❹ 아무리 훌륭하고 좋은 것이라도 다듬고 정리해야 쓸모도 있다는 말.

2 '공든 탑이 무너지랴'라는 속담의 뜻을 골라 보세요.

❶ 힘을 다하고 정성을 다하여 한 일은 그 결과가 반드시 좋다는 말.

❷ 부지런하고 꾸준히 노력하는 사람은 침체되지 않고 계속 발전한다는 말.

❸ 티끌처럼 아무리 작은 것이라도 모이면 태산처럼 큰 덩어리가 된다는 말.

❹ 뜻이 굳은 사람이라도 여러 번 권하면 결국은 마음이 변한다는 말.

3 내용에 맞게 줄을 이어 속담을 완성해 보세요.

❶	고생 끝에 •	• ㉠ 낙이 온다.
❷	열 번 찍어 •	• ㉡ 꿰어야 보배.
❸	구르는 돌은 •	• ㉢ 이끼가 안 낀다.
❹	구슬이 서 말이라도 •	• ㉣ 안 넘어가는 나무 없다.

4 첫소리를 도움말 삼아 속담을 완성해 보세요.

❶ 누워서 ㄸ 먹기.

❷ 티끌 모아 ㅌ ㅅ.

❸ 꿩 먹고 ㅇ 먹기.

❹ 땅 짚고 ㅎ ㅇ 치기.

5 '고생 끝에 낙이 온다'라는 속담으로 짧은 글짓기를 해 봅시다.

7단원

배움의 중요성

하루하루 체크하기!

□ 31일차 쇠귀에 경 읽기
된성부른 나무는 떡잎부터 알아본다

□ 32일차 백 번 듣는 것이 한 번 보는 것만 못하다
세 살 버릇 여든까지 간다

□ 33일차 서당 개 삼 년이면 풍월을 읊는다
벼 이삭은 익을수록 고개를 숙인다

□ 34일차 개천에서 용 난다
같은 값이면 다홍치마

□ 35일차 우물 안 개구리
낫 놓고 기역 자도 모른다

61

쇠귀에 경 읽기

소에게 아무리 좋은 글을 읽어줘도 소는 하나도 못 알아듣겠지요? 이처럼 아무리 가르치고 일러 주어도 알아듣지 못하거나 효과가 없는 경우를 이르는 말입니다.

'경'은 선현의 좋은 말씀이 담긴 책을 말해요.
그리고 한자성어로는 '우이독경(牛耳讀經)'이라고 해요.

62

될성부른 나무는 떡잎부터 알아본다

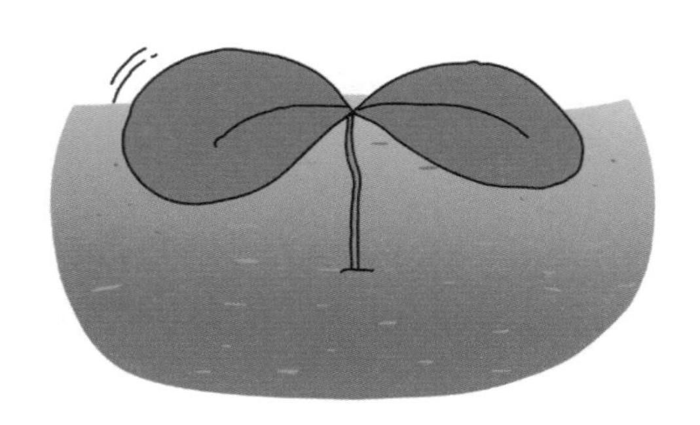

커서 잘될 사람은 어려서부터 남달리 뛰어나다는 것을 나무에 빗대어 표현한 속담입니다. 아무리 큰 나무라도 어려서 떡잎이 제대로 나지 않으면 잘 자랄 수 없으니까요.

'될성부르다'는 잘될 가망이 있어 보인다는 뜻이에요.

월 일 오전 오후 :

1 내용에 맞는 낱말에 동그라미 하고, 빈칸에 낱말을 써 보세요.

❶ 말 쇠 귀에 풍월 경 읽기.

❷ 될성부른 [ ] 는 [ ] 부터 알아본다.

2 큰 소리로 읽으며 속담을 따라 써 보세요.

쇠	귀	에		경		읽	기	.			
쇠	귀	에		경		읽	기	.			
쇠	귀	에		경		읽	기	.			

될	성	부	른		나	무	는		떡	잎	부
터		알	아	본	다	.					
될	성	부	른		나	무	는		떡	잎	부
터		알	아	본	다	.					

32 일차

63 백 번 듣는 것이 한 번 보는 것만 못하다

여러분은 코끼리를 직접 본 적이 있나요? 그림으로만 보던 코끼리를 동물원에서 직접 보았다면 그 크기에 깜짝 놀랐을 거예요. 생각하던 것보다 훨씬 크고 우람해서 말이지요. 아무리 말로 여러 번 설명을 들어도, 직접 실물을 보는 것이 훨씬 정확하답니다. 이 속담은 직접적인 체험이 중요하다는 뜻으로 자주 쓰인답니다.

'百聞不如一見(백문불여일견)'이라는 한자성어로 말할 수도 있어요.

64 세 살 버릇 여든까지 간다

여러분은 어떤 습관이 있나요? 이 속담은 한번 몸에 밴 버릇은 쉽게 고치기 힘들다는 뜻으로, 나쁜 버릇이 들지 않도록 조심하라는 말입니다. 코를 후비거나 손가락을 빠는 버릇이 있다면 여든까지 가기 전에 얼른 고쳐야겠지요.

월 일 오전 오후 :

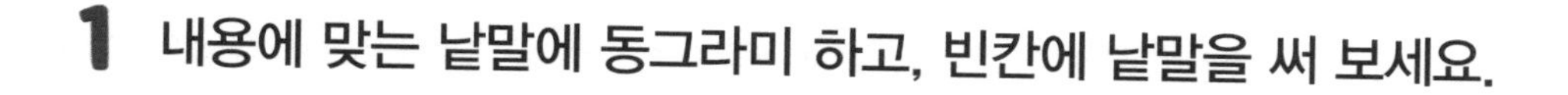

1 내용에 맞는 낱말에 동그라미 하고, 빈칸에 낱말을 써 보세요.

❶ 한 번 | 백 번 듣는 것이 한 번 | 백 번 보는 것만 못하다.

❷ ☐ 살 버릇 ☐☐ 까지 간다.

2 큰 소리로 읽으며 속담을 따라 써 보세요.

백 번 듣는 것이 한 번 보는 것만 못하다.

백 번 듣는 것이 한 번 보는 것만 못하다.

세 살 버릇 여든까지 간다.

세 살 버릇 여든까지 간다.

33
일차

65

서당 개 삼 년이면 풍월을 읊는다

서당에서 삼 년 동안 살면서 매일 글 읽는 소리를 듣다 보면 개조차도 글 읽는 소리를 내게 된대요. 정말일까요? 어떤 분야에 대하여 지식과 경험이 전혀 없는 사람이라도 그 분야에 오래 있으면 어느 정도는 알게 된다는 뜻으로 쓰는 말이에요.

'서당'은 예전에 글을 가르치던 곳이에요.
또 '풍월'은 남에게 귀동냥으로 얻어들은 짧은 지식을 말해요.

66

벼 이삭은 익을수록 고개를 숙인다

벼는 줄기 끝에 이삭이 달리는데, 이삭이 영글수록 줄기 끝이 아래로 처집니다. 그 모습이 마치 사람이 겸손하게 고개를 숙인 모습을 닮아 이런 속담이 나온 것이지요. 교양이 있고 수양을 쌓은 사람일수록 겸손하게 행동한다는 뜻에서 쓰는 속담입니다.

월 일 오전/오후 :

1 내용에 맞는 낱말에 동그라미 하고, 빈칸에 낱말을 써 보세요.

❶ 서당 [개 | 고양이] 삼 년이면 [경 | 풍월] 을 읊는다.

❷ [ ] 이삭은 익을수록 [   ]를 숙인다.

2 큰 소리로 읽으며 속담을 따라 써 보세요.

서	당		개		삼		년	이	면		풍
월	을		읊	는	다.						
서	당		개		삼		년	이	면		풍
월	을		읊	는	다.						

벼		이	삭	은		익	을	수	록		고
개	를		숙	인	다.						
벼		이	삭	은		익	을	수	록		고
개	를		숙	인	다.						

34
일차

67
개천에서 용 난다

개천처럼 좋지 않은 환경에서 용처럼 영험한 존재가 나는 경우에 쓰는 속담입니다. 미천한 집안이나 변변하지 못한 부모에게서 훌륭한 인물이 나는 경우를 이에 빗대어 표현할 수 있습니다.

예로부터 우리 선조들은 상상 속 동물인 용을 매우 영험하고 귀한 존재로 생각해 왔어요. 속담에서도 용은 뛰어난 인물을 비유할 때 쓰입니다.

68
같은 값이면 다홍치마

여러분은 물건을 살 때 어떤 기준으로 사나요? 이왕 가격이 같다면 좋은 물건을 선택하겠지요? 일을 할 때도 이 속담과 마찬가지로, 같은 노력을 들인다면 자기에게 좋은 것을 선택하는 것이 일반적입니다. 이처럼 무엇을 할 때는 항상 여러 면을 꼼꼼이 따져 보고 좋은 방향을 선택하도록 하세요.

한자성어로는 '동가홍상(同價紅裳)'이라고 해요.

월 일 오전 오후 :

1 내용에 맞는 낱말에 동그라미 하고, 빈칸에 낱말을 써 보세요.

❶ 도랑 | 개천 에서 용 | 봉황 난다.

❷ 같은 값이면 ______.

2 큰 소리로 읽으며 속담을 따라 써 보세요.

개천에서 용 난다.

개천에서 용 난다.

개천에서 용 난다.

같은 값이면 다홍치마.

같은 값이면 다홍치마.

같은 값이면 다홍치마.

35
일차

69
우물 안 개구리

우물 안에서 나고 자란 개구리는 우물 안이 세상의 전부라고 생각해요. 세상이 얼마나 넓은지 제대로 알지 못하고 우물 속에서 올려다본 하늘만큼의 세상이 전부인 줄 알지요. 이처럼 넓은 세상을 제대로 알지 못하는 사람을 비유할 때 쓰는 속담이에요. 나아가 얕은 지식으로 잘난 체하는 사람을 비꼴 때 쓰기도 합니다.

한자성어로 '좌정관천(坐井觀天)'이라고 해요.

70
낫 놓고 기역 자도 모른다

'낫'은 곡식, 나무, 풀 따위를 벨 때 사용하는 농기구로, 둥글게 굽은 칼날에 손잡이를 붙여 만들어요. 그런 낫을 앞에 두고서도 그것이 'ㄱ'자와 같은 모양인지 모르다니! 이 속담은 아주 무식한 사람을 비유할 때 씁니다.

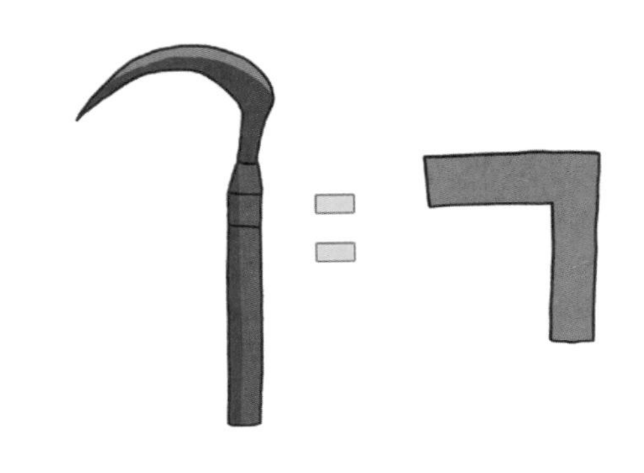

한자성어로는 '목불식정(目不識丁)'이라고 해요.

1 내용에 맞는 낱말에 동그라미 하고, 빈칸에 낱말을 써 보세요.

❶
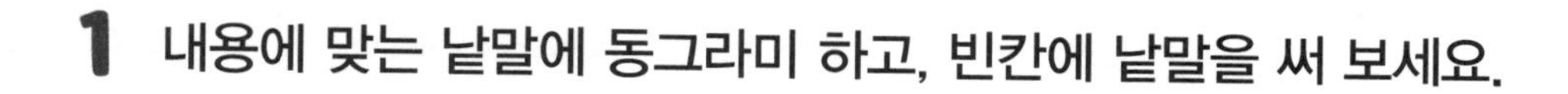

❷ ☐ 놓고 ☐☐ 자도 모른다.

2 큰 소리로 읽으며 속담을 따라 써 보세요.

우물 안 개구리.

우물 안 개구리.

우물 안 개구리.

낫 놓고 기역 자도 모른다.

낫 놓고 기역 자도 모른다.

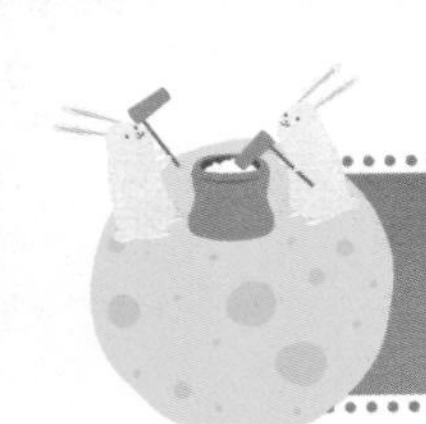

복습하기

1 '세 살 버릇 여든까지 간다'라는 속담의 뜻을 골라 보세요.

❶ 어릴 때 몸에 밴 버릇은 늙어 죽을 때까지 고치기 힘들다는 말.

❷ 값이 같거나 같은 노력을 한다면 품질이 좋은 것을 택한다는 말.

❸ 미천한 집안에서 훌륭한 인물이 나는 것을 비유한 말.

❹ 어떤 분야에 대해 전혀 알지 못하는 사람이라도 그 부문에 오래 있으면 어느 정도는 알게 된다는 말.

2 '될성부른 나무는 떡잎부터 알아본다'라는 속담의 뜻을 골라 보세요.

❶ 직접적인 체험이 중요하다는 말.

❷ 커서 잘될 사람은 어려서부터 남달리 뛰어나다는 말.

❸ 교양이 있고 수양을 쌓은 사람일수록 겸손하게 행동한다는 말.

❹ 아무리 가르치고 일러 주어도 알아듣지 못하거나 효과가 없다는 말.

3 내용에 맞게 줄을 이어 속담을 완성해 보세요.

❶ 낫 놓고 •	• ㉠ 풍월을 읊는다.
❷ 백 번 듣는 것이 •	• ㉡ 고개를 숙인다.
❸ 서당 개 삼 년이면 •	• ㉢ 기역 자도 모른다.
❹ 벼 이삭은 익을수록 •	• ㉣ 한 번 보는 것만 못하다.

4 첫소리를 도움말 삼아 속담을 완성해 보세요.

❶ 우물 안 ㄱ ㄱ ㄹ .

❷ ㅅ 귀에 경 읽기.

❸ 개천에서 ㅇ 난다.

❹ 같은 값이면 ㄷ ㅎ ㅊ ㅁ

5 '낫 놓고 기역 자도 모른다'라는 속담으로 짧은 글짓기를 해 봅시다.

8단원

용기의 아름다움

하루하루 체크하기!

□ 36일차 시작이 반이다
비 온 뒤에 땅이 굳어진다

□ 37일차 첫술에 배부르랴
목마른 사람이 우물 판다

□ 38일차 달걀로 바위 치기
길고 짧은 것은 대어 보아야 안다

□ 39일차 굼벵이도 구르는 재주가 있다
지렁이도 밟으면 꿈틀한다

□ 40일차 구더기 무서워 장 못 담글까
호랑이 굴에 가야 호랑이 새끼를 잡는다

36
일차

71

시작이 반이다

일을 시작하자마자 절반이 끝난다면 얼마나 쉬울까요? 이 속담은 무슨 일이든지 시작하기가 어렵지, 일단 시작하면 일을 끝마치기는 그리 어렵지 않다는 것을 과장해서 표현한 것입니다.

72

비 온 뒤에 땅이 굳어진다

비가 내리면 땅이 젖어서 질척거리지만, 날이 개면 흙이 굳어 땅이 더 단단해집니다. 어떤 어려운 일을 겪어내면 그 뒤에 더 강해질 수 있다는 뜻으로 쓰는 속담입니다. 이처럼 우리 선조들은 어려움이 있더라도 그 뒤에 좋은 결실이 있을 거라 굳게 믿고 어려움을 이겨냈어요.

1 내용에 맞는 낱말에 동그라미 하고, 빈칸에 낱말을 써 보세요.

❶ 시작 끝 이 반이다.

❷ ☐ 온 뒤에 ☐ 이 굳어진다.

2 큰 소리로 읽으며 속담을 따라 써 보세요.

시작이 반이다.

시작이 반이다.

시작이 반이다.

비 온 뒤에 땅이 굳어진다.

비 온 뒤에 땅이 굳어진다.

37 일차

73

첫술에 배부르랴

밥 한 숟가락을 먹었다고 배가 부를까요? 이 속담은 어떤 일이든지 한 번에 만족할 수는 없다는 뜻에서 씁니다. 오늘 피겨스케이팅을 배우기 시작했는데, 처음부터 올림픽 금메달을 딴 선수처럼 잘 탈 수는 없어요. 그러니 처음부터 너무 욕심내지 말고 하나씩 하나씩 해나가다 보면 어느새 실력이 늘어 있을 거예요.

'첫술'은 음식을 먹을 때에, 처음으로 드는 숟갈을 말해요.

74

목마른 사람이 우물 판다

무인도에 홀로 떨어진 사람이 엄청 목이 말랐어요. 도와 줄 사람이 아무도 없으니 스스로 우물을 파서 물을 길어 올리네요. 이 속담은 제일 급한 사람이 그 일을 서둘러 하게 되어 있다는 뜻입니다.

1 내용에 맞는 낱말에 동그라미 하고, 빈칸에 낱말을 써 보세요.

❶ 첫술 | 열 술 에 배부르랴.

❷ 목마른 사람이 [ ] 판다.

2 큰 소리로 읽으며 속담을 따라 써 보세요.

첫술에 배부르랴.

첫술에 배부르랴.

첫술에 배부르랴.

목마른 사람이 우물 판다.

목마른 사람이 우물 판다.

38 일차

75

달걀로 바위 치기

달걀처럼 잘 부서지는 물건으로 바위를 깨부술 수 있을까요? 이처럼 둘의 실력 차이가 너무 커서, 대항해도 도저히 이길 수 없는 경우를 비유할 때 쓰는 속담입니다.

한자성어로는 '이란투석(以卵投石)'이라고 해요.

76

길고 짧은 것은 대어 보아야 안다

새로 산 바지가 큰지 작은지는 입어 봐야 알겠죠? 이 속담처럼 말이에요. 크고 작고, 이기고 지고, 잘하고 못하는 것은 직접 겨루어 보거나 겪어 보아야 알 수 있다는 뜻에서 쓰는 속담입니다. 이루고 싶은 것이있나요? 처음부터 안 될거라 지레짐작으로 포기하지 말고, 용기를 갖고 도전해 보세요. 동화 〈토끼와 거북이〉에 나오는 토끼와 거북의 실력처럼 길고 짧은 것은 대어 보아야 알 수 있으니까요!

1 내용에 맞는 낱말에 동그라미 하고, 빈칸에 낱말을 써 보세요.

❶ 길고 짧은 | 무겁고 가벼운 것은 대어 보아야 안다.

❷ [ ] 로 바위 치기.

2 큰 소리로 읽으며 속담을 따라 써 보세요.

달걀로 바위 치기.

달걀로 바위 치기.

달걀로 바위 치기.

길고 짧은 것은 대어 보아야 안다.

길고 짧은 것은 대어 보아야 안다.

77

굼벵이도 구르는 재주가 있다

굼벵이처럼 굼뜨고 느린 동물도 데굴데굴 굴러가는 것은 참 잘한대요. 이처럼 겉으로 보기에 능력이 없는 사람들이라도 한 가지 재주는 있다는 뜻입니다. 이 속담처럼 열 명의 사람에게는 열 가지 재주가 있어요. 사람마다 잘하는 것이 다를 뿐이지요. 여러분의 재주는 무엇인가요?

'굼벵이'는 딱정벌레의 애벌레를 말하는데, 동작이 굼뜨고 느린 사람을 비유할 때 쓰지요.

78

지렁이도 밟으면 꿈틀한다

지렁이처럼 순한 동물도 밟으면 꿈틀거리지요. 이처럼 아무리 순하고 좋은 사람이라도 업신여기면 가만있지 않는다는 말입니다.

1 내용에 맞는 낱말에 동그라미 하고, 빈칸에 낱말을 써 보세요.

❶ 돌 | 굼벵이 도 구르는 이끼 | 재주 가 있다.

❷ [ ] 도 밟으면 꿈틀한다.

2 큰 소리로 읽으며 속담을 따라 써 보세요.

굼벵이도 구르는 재주가 ∨
있다.

굼벵이도 구르는 재주가 ∨
있다.

지렁이도 밟으면 꿈틀한
다.

지렁이도 밟으면 꿈틀한
다.

79

구더기 무서워 장 못 담글까

장을 담그다 보면 그 안에 구더기가 생기기도 한대요. 그렇다고 장을 안 담글 수는 없잖아요? 이처럼 어느 정도 방해되는 것이 있더라도 해야 할 것은 당연히 해야 한다는 뜻으로 쓰는 속담입니다. 꼭 해야 할 일이 있다면 번거롭거나 어려운 상황이 있더라도 반드시 하도록 해요!

'구더기'는 파리의 애벌레로, 된장, 간장처럼 발효되는 물건에 꼬여요.

80

호랑이 굴에 가야 호랑이 새끼를 잡는다

사냥꾼이 호랑이 새끼를 잡으려면 제일 먼저 호랑이 굴로 들어가야 하지요. 이처럼 원하는 결과를 얻으려면 그에 마땅한 일을 하여야 함을 비유하는 속담입니다.

월 일 오전 오후 :

1 내용에 맞는 낱말에 동그라미 하고, 빈칸에 낱말을 써 보세요.

❶ 굼벵이 | 구더기 무서워 장 | 발 못 담글까.

❷ [ ] 굴에 가야 [ ] 새끼를 잡는다.

2 큰 소리로 읽으며 속담을 따라 써 보세요.

구더기 무서워 장 못 담글까.

구더기 무서워 장 못 담글까.

호랑이 굴에 가야 호랑이 새끼를 잡는다.

호랑이 굴에 가야 호랑이 새끼를 잡는다.

복습하기

1 '첫술에 배부르랴'라는 속담의 뜻을 골라 보세요.

❶ 어떤 일이든지 한번에 만족할 수는 없다는 말.

❷ 원하는 결과를 얻으려면 그에 마땅한 일을 해야 한다는 말.

❸ 둘의 실력 차이가 너무 크게 나서, 대항해도 도저히 이길 수 없다는 말.

❹ 무슨 일이든지 시작하기가 어렵지 일단 시작하면 일을 끝마치기는 그리 어렵지 않다는 말.

2 '굼벵이도 구르는 재주가 있다'라는 속담의 뜻을 골라 보세요.

❶ 제일 급한 사람이 그 일을 서둘러 하게 된다는 말.

❷ 어떤 어려운 일을 겪어내면 그 뒤에 더 강해질 수 있다는 말.

❸ 순하고 좋은 사람이라도 업신여기면 가만 있지 아니한다는 말.

❹ 겉으로 보기에 능력이 없는 사람들이라도 한 가지 재주는 있다는 말.

3 내용에 맞게 줄을 이어 속담을 완성해 보세요.

❶	목마른 사람이	㉠ 우물 판다.
❷	길고 짧은 것은	㉡ 굳어진다.
❸	비 온 뒤에 땅이	㉢ 대어 보아야 안다.
❹	호랑이 굴에 가야	㉣ 호랑이 새끼를 잡는다.

4 첫소리를 도움말 삼아 속담을 완성해 보세요.

❶ ㅅ ㅈ 이 반이다.

❷ ㄷ ㄱ 로 바위 치기.

❸ ㅈ ㄹ ㅇ 도 밟으면 꿈틀한다.

❹ ㄱ ㄷ ㄱ 무서워 장 못 담글까.

5 '첫술에 배부르랴'라는 속담으로 짧은 글짓기를 해 봅시다.

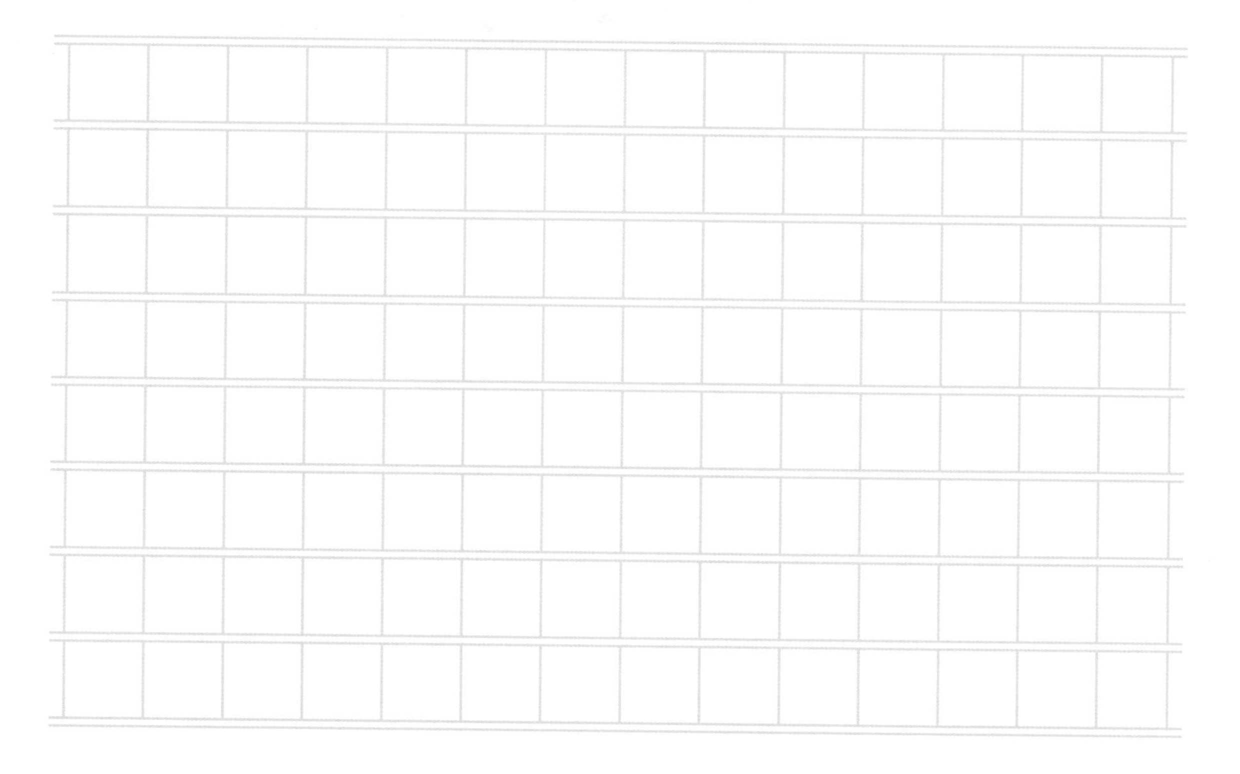

9단원

신중한 태도

하루하루 체크하기!

- [ ] **41일차** 가는 말이 고와야 오는 말이 곱다 / 발 없는 말이 천 리 간다
- [ ] **42일차** 돌다리도 두들겨 보고 건너라 / 아는 길도 물어 가라
- [ ] **43일차** 쏟아진 물 / 밑 빠진 독에 물 붓기
- [ ] **44일차** 사공이 많으면 배가 산으로 간다 / 모래 위에 쌓은 성
- [ ] **45일차** 우물에 가 숭늉 찾는다 / 오르지 못할 나무는 쳐다보지도 마라

41
일차

81

가는 말이 고와야 오는 말이 곱다

말을 곱게 하는 친구와 이야기할 때는 저절로 얼굴에 미소가 번집니다. 똑같은 말도 더 곱고 예쁘게 하게 되고요. 항상 좋은 말과 좋은 마음으로 행동하도록 합시다.

82

발 없는 말이 천 리 간다

말 중에 가장 빠른 말은 뭘까요? 바로 '발 없는 말'입니다. 이 속담은 사람들이 입으로 자기 생각을 표현하는 '말'을 동물 '말'에 비유해서 표현한 것이에요. 이처럼 사람의 입에서 나오는 말은 비록 천리마처럼 빨리 달릴 수 있는 발이 없어도 순식간에 천 리 밖까지 퍼진대요. 항상 말을 조심해서 해야 한다는 뜻으로 쓰는 속담이에요.

월 일 오전 오후 :

1 내용에 맞는 낱말에 동그라미 하고, 빈칸에 낱말을 써 보세요.

❶ 날개 | 발 없는 말이 천 리 간다.

❷ ☐☐ 말이 고와야 ☐☐ 말이 곱다.

2 큰 소리로 읽으며 속담을 따라 써 보세요.

가는 말이 고와야 오는 ∨
말이 곱다.

가는 말이 고와야 오는 ∨
말이 곱다.

발 없는 말이 천 리
간다.

발 없는 말이 천 리
간다.

42
일차

83

돌다리도 두들겨 보고 건너라

돌을 잘 놓아 만든 다리는 무너질 리가 없지요. 그래도 잘 두들겨 가며 건너라는 이 속담은 잘 아는 일이라도 세심하게 주의를 기울여서 해야 한다는 뜻으로 씁니다.

84

아는 길도 물어 가라

아는 길이라도 더 잘 아는 사람에게 물어보면 더 쉽게 갈 수 있지요. 이처럼 잘 아는 것이라도 다시 한번 주의를 기울여 하는 것이 좋다는 뜻으로 쓰는 속담입니다. 비슷한 뜻으로 '돌다리도 두들겨 보고 건너라'라는 속담이 있어요.

1 내용에 맞는 낱말에 동그라미 하고, 빈칸에 낱말을 써 보세요.

❶ 무지개다리 | 돌다리 도 두들겨 보고 건너라.

❷ 아는 ☐ 도 물어 가라.

2 큰 소리로 읽으며 속담을 따라 써 보세요.

돌	다	리	도		두	들	겨		보	고	
건	너	라	.								
돌	다	리	도		두	들	겨		보	고	
건	너	라	.								

아	는		길	도		물	어		가	라	.
아	는		길	도		물	어		가	라	.
아	는		길	도		물	어		가	라	.

43
일차

85

쏟아진 물

물을 쏟으면 그릇에 다시 담기 어렵습니다. 한번 내뱉은 말이나 이미 저지른 일도 다시 되돌리거나 그만둘 수 없어요. 항상 말과 행동을 신중하게 하라는 교훈을 주는 속담입니다.

86

밑 빠진 독에 물 붓기

동화 〈콩쥐 팥쥐〉에서 보면 심술궂은 팥쥐 엄마가 콩쥐를 골탕 먹이기 위해 밑이 깨진 항아리에 물을 가득 채우도록 시킵니다. 한참 동안 물을 길어 날라도 콩쥐는 항아리에 물을 가득 채울 수 없었어요. 동화의 내용과는 다르지만, 이 속담은 애써 한 일이 보람이 없는 상태로 되는 것을 비유할 때 씁니다.

'독'은 배가 불룩한 항아리를 말해요.

1 내용에 맞는 낱말에 동그라미 하고, 빈칸에 낱말을 써 보세요.

❶ 쏟아진 구슬 | 물 .

❷ [ ] 빠진 독에 [ ] 붓기.

2 큰 소리로 읽으며 속담을 따라 써 보세요.

쏟	아	진		물	.						
쏟	아	진		물	.						
쏟	아	진		물	.						

밑		빠	진		독	에		물		붓	기	.
밑		빠	진		독	에		물		붓	기	.
밑		빠	진		독	에		물		붓	기	.

87

사공이 많으면 배가 산으로 간다

배를 여럿이 함께 저으면 힘차게 나아갈 수 있지만, 그 방향이 제각각이라면 앞으로 나아갈 수 없지요. 여러 사람이 모여 함께 일을 하는데 저마다 제 주장대로 하다 보면 결국 일이 성공하기 어렵다는 뜻으로 쓰는 속담입니다.

'사공'은 배를 부리는 일을 직업으로 하는 사람을 말해요.

88

모래 위에 쌓은 성

단단하지 않은 땅에 성을 쌓으면 어떻게 될까요? 거센 파도가 치거나 바람이 불면 성은 곧 무너지고 말 거예요. 이처럼 기초가 튼튼하지 못하여 곧 허물어질 수 있는 상황을 모래성에 비유하여 일컫는 속담입니다.

1 내용에 맞는 낱말에 동그라미 하고, 빈칸에 낱말을 써 보세요.

❶ 돌다리 | 모래 위에 쌓은 성.

❷ [ ] 이 많으면 배가 [ ] 으로 간다.

2 큰 소리로 읽으며 속담을 따라 써 보세요.

사	공	이		많	으	면		배	가		산
으	로		간	다	.						
사	공	이		많	으	면		배	가		산
으	로		간	다	.						

모	래		위	에		쌓	은		성	.	
모	래		위	에		쌓	은		성	.	
모	래		위	에		쌓	은		성	.	

45 일차

89

우물에 가 숭늉 찾는다

아무리 배가 고프더라고, 밥 지을 물도 떠오지 않은 상태에서 숭늉을 먹을 수는 없지요. 이처럼 모든 일에는 순서가 있는데 이를 무시하고 성급하게 덤비는 것을 비유하는 속담입니다. 급할수록 차분히 순서를 지켜가면서 할 때 실수를 줄일 수 있어요.

'숭늉'은 누룽지가 생긴 솥에 물을 부어 데운 물을 말해요.

90

오르지 못할 나무는 쳐다보지도 마라

나무타기를 못 하는 사람이 높은 나무에 오르려고 시도한다면 얼마나 무모하겠어요? 이처럼 자기가 못할 정도의 일이라면 처음부터 욕심을 내지 않는 게 좋다는 뜻으로 쓰는 속담입니다.

월 일 오전 오후 :

1 내용에 맞는 낱말에 동그라미 하고, 빈칸에 낱말을 써 보세요.

❶ 부엌 | 우물 에 가 숭늉 찾는다.

❷ 오르지 못할 [ ] 는 쳐다보지도 마라.

2 큰 소리로 읽으며 속담을 따라 써 보세요.

우물에 가 숭늉 찾는다.

우물에 가 숭늉 찾는다.

우물에 가 숭늉 찾는다.

오르지 못할 나무는 쳐다보지도 마라.

오르지 못할 나무는 쳐다보지도 마라.

복습하기

1 '쏟아진 물'이라는 속담의 뜻을 골라 보세요.

❶ 한번 저지른 일은 다시 고치거나 그만둘 수 없다는 말.

❷ 애써 한 일이 보람이 없는 상태로 되었다는 말.

❸ 잘 아는 일이라도 세심하게 주의를 기울여 해야 한다는 말.

❹ 기초가 튼튼하지 못하여 곧 허물어질 수 있는 상황을 일컫는 말.

2 '아는 길도 물어 가라'는 속담의 뜻을 골라 보세요.

❶ 항상 말을 조심해서 해야 한다는 말.

❷ 잘 아는 것이라도 다시 한번 주의를 기울여 하는 것이 좋다는 말.

❸ 여러 사람이 저마다 제 주장대로 하다보면 결국 일이 성공하기 어렵다는 말.

❹ 모든 일에는 순서가 있는데 이를 무시하고 성급하게 덤빈다는 말.

3 내용에 맞게 줄을 이어 속담을 완성해 보세요.

❶ 발 없는 말이 •	• ㉠ 천 리 간다.
❷ 사공이 많으면 •	• ㉡ 쳐다보지도 마라.
❸ 가는 말이 고와야 •	• ㉢ 오는 말이 곱다.
❹ 오르지 못할 나무는 •	• ㉣ 배가 산으로 간다.

4 첫소리를 도움말 삼아 속담을 완성해 보세요.

❶ ㅁ ㄹ 위에 쌓은 성.

❷ ㅁ 빠진 ㄷ 에 물 붓기.

❸ ㅇ ㅁ 에 가 숭늉 찾는다.

❹ ㄷ ㄷ ㄹ 도 두들겨 보고 건너라.

5 '발 없는 말이 천 리 간다'라는 속담으로 짧은 글짓기를 해 봅시다.

10단원

절제의 필요성

하루하루 체크하기!

☐ 46일차 못 먹는 감 찔러나 본다
개구리 올챙이 적 생각 못 한다

☐ 47일차 불난 집에 부채질한다
빈 수레가 요란하다

☐ 48일차 숭어가 뛰니까 망둥이도 뛴다
뱁새가 황새를 따라가면 다리가 찢어진다

☐ 49일차 바늘 도둑이 소도둑 된다
되로 주고 말로 받는다

☐ 50일차 말이 씨가 된다
미꾸라지 한 마리가 온 웅덩이를 흐려 놓는다

46 일차

91 못 먹는 감 찔러나 본다

남의 감이라 자기가 먹을 수 없다고 해서, 감을 콕콕 찔러 놓는다면 다른 사람도 못 먹게 되지요. 이 말은 자기의 것이 될 수 없다고 해서 남도 갖지 못하도록 하는 심술궂은 행동을 비유하는 속담입니다.

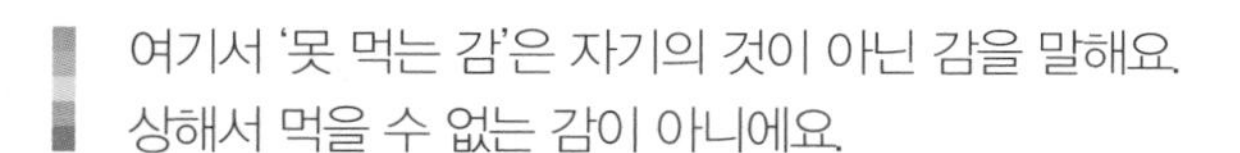

여기서 '못 먹는 감'은 자기의 것이 아닌 감을 말해요.
상해서 먹을 수 없는 감이 아니에요.

92 개구리 올챙이 적 생각 못 한다

이 속담은 형편이 나아졌다고 해서 예전 어렵던 시절을 잊고 으스대는 것을 비유하는 속담입니다. 다 자란 개구리가 올챙이 모습을 보고 비웃는다면 얼마나 우습겠어요? 사람들도 마찬가지예요. 부자가 되거나 성공을 했다고 어렵고 힘들었던 때를 잊고 처음부터 부자였던 것처럼 행동한다면 비웃음을 살 거예요. 올챙이였던 시절이 없었다면 개구리도 없듯이, 항상 과거의 나를 돌아보며 겸손하게 행동하도록 하세요

'올챙이'는 개구리가 되기 전 어린 모습을 말해요. 어떤 개구리도 올챙이에서 자라나지요.
이 속담에서 올챙이는 초보자를 비유하는 말로 쓰였어요.

1 **내용에 맞는 낱말에 동그라미 하고, 빈칸에 낱말을 써 보세요.**

❶ 올챙이 | 개구리 올챙이 | 개구리 적 생각 못 한다.

❷ 못 먹는 [ ] 찔러나 본다.

2 **큰 소리로 읽으며 속담을 따라 써 보세요.**

못 먹는 감 찔러나 본다.

못 먹는 감 찔러나 본다.

개구리 올챙이 적 생각 못 한다.

개구리 올챙이 적 생각 못 한다.

93

불난 집에 부채질한다

남의 집에 불이 났는데, 끄려고 도와주지는 못할망정 옆에서 부채질해서 불을 더 붙인다는 뜻이에요. 마치 〈흥부 놀부〉에 나오는 놀부처럼 말이에요. 이는 남이 불행을 겪었을 때 그것이 더 커지도록 만들거나 화를 더욱 부추긴다는 뜻의 속담입니다. 이런 못된 심술은 부리지 않는 것이 좋겠지요.

94

빈 수레가 요란하다

아무것도 싣지 않은 수레는 무게가 가벼워서 달릴 때 소리가 크게 납니다. 짐을 많이 실은 수레일수록 오히려 소리가 크게 나지 않지요. 사람도 마찬가지로 실속 없는 사람일수록 겉으로 더 떠들어대는데, 이런 사람들의 모습을 가벼운 수레에 비유한 속담입니다. 비슷한 속담으로 '소문난 잔치에 먹을 것 없다'라는 말이 있어요.

월 일 오전/오후 :

1 내용에 맞는 낱말에 동그라미 하고, 빈칸에 낱말을 써 보세요.

❶ 불난 집에 물 붓는다 | 부채질한다 .

❷ 빈 [ ] 가 요란하다.

2 큰 소리로 읽으며 속담을 따라 써 보세요.

불난 집에 부채질한다.

불난 집에 부채질한다.

불난 집에 부채질한다.

빈 수레가 요란하다.

빈 수레가 요란하다.

빈 수레가 요란하다.

48
일차

95
숭어가 뛰니까 망둥이도 뛴다

숭어는 몸집이 큰 물고기로 힘이 좋아서 물 위로 훌쩍 뛰어오를 수 있어요. 개펄에 사는 망둥이가 그 모습을 보고 펄쩍 뛰어보지만, 숭어처럼 멋있지 않아요. 이처럼 남이 한다고 하니까 자기의 능력을 가늠하지 않고 덩달아 나서는 모습을 비유할 때 쓰는 속담입니다.

'숭어'는 깊은 바다에서 사는 큰 물고기이고, '망둥이'는 개펄에 사는 작은 물고기예요.

96
뱁새가 황새를 따라가면 다리가 찢어진다

뱁새는 몸집이 작은 새인데, 다리가 긴 황새를 쫓아 성큼성큼 걷는다면, 이내 다리가 찢어질지도 몰라요. 이처럼 자기의 능력에 맞지 않는 일을 억지로 하다 보면 도리어 해를 입을 수 있다는 말로 씁니다.

월 일 오전 오후 :

1 내용에 맞는 낱말에 동그라미 하고, 빈칸에 낱말을 써 보세요.

❶ 숭어 | 망둥이 가 뛰니까 숭어 | 망둥이 도 뛴다.

❷ ☐☐ 가 ☐☐ 를 따라가면 다리가 찢어진다.

2 큰 소리로 읽으며 속담을 따라 써 보세요.

숭어가 뛰니까 망둥이도 ∨
뛴다.
숭어가 뛰니까 망둥이도 ∨
뛴다.

뱁새가 황새를 따라가면 ∨
다리가 찢어진다.
뱁새가 황새를 따라가면 ∨
다리가 찢어진다.

49
일차

97

바늘 도둑이 소도둑 된다

바늘처럼 작은 물건을 훔치던 사람이 도둑질을 계속하다 보면 결국은 소처럼 크고 비싼 것까지도 훔치게 된다는 뜻의 속담입니다. 이처럼 사소한 나쁜 짓도 자꾸 하게 되면 큰 죄를 저지르게 됨을 비유하는 말입니다.

98

되로 주고 말로 받는다

조금 주고 그 대가로 몇 곱절이나 많이 받는 경우를 비유하여 쓰는 속담입니다. 조금 주었는데 생각지도 못하게 많이 받은 좋은 상황에서 자주 썼는데, 지금은 나쁜 상황에서도 씁니다.

'되'는 곡식이나 액체의 양을 재는 단위예요.
10되는 1말에 해당하니까, '말'이 더 큰 단위예요.

1 내용에 맞는 낱말에 동그라미 하고, 빈칸에 낱말을 써 보세요.

❶ 소 | 바늘 도둑이 소 | 바늘 도둑 된다.

❷ ☐ 로 주고 ☐ 로 받는다.

2 큰 소리로 읽으며 속담을 따라 써 보세요.

바	늘		도	둑	이		소	도	둑		된
다	.										
바	늘		도	둑	이		소	도	둑		된
다	.										

되	로		주	고		말	로		받	는	다.
되	로		주	고		말	로		받	는	다.
되	로		주	고		말	로		받	는	다.

50 일차

99

말이 씨가 된다

늘 말하던 것이 마침내 사실대로 되는 것을 뜻하는 속담입니다. 한마디의 말이 씨앗처럼 땅에 심어져 싹을 틔운다면 말을 항상 조심해서 하겠지요? 반대로 원하는 일이 있다면 항상 긍정적인 말을 하도록 하세요.

100

미꾸라지 한 마리가 온 웅덩이를 흐려 놓는다

미꾸라지는 얕은 물의 바닥에서 사는 물고기인데, 한번 헤엄을 치면 바닥의 진흙이 일어 물이 뿌옇게 됩니다. 이 속담은 미꾸라지 한 마리가 흙탕물을 일으켜서 웅덩이의 물을 다 흐리게 한다는 뜻입니다. 한 사람의 좋지 않은 행동이 여러 사람에게 나쁜 영향을 미치는 것을 비유할 때 쓰지요.

한자성어로 '일어탁수(一魚濁水)'라고 해요.

1 내용에 맞는 낱말에 동그라미 하고, 빈칸에 낱말을 써 보세요.

❶ 말 행동 이 씨가 된다.

❷ □□□□ 한 마리가 온 웅덩이를 흐려 놓는다.

2 큰 소리로 읽으며 속담을 따라 써 보세요.

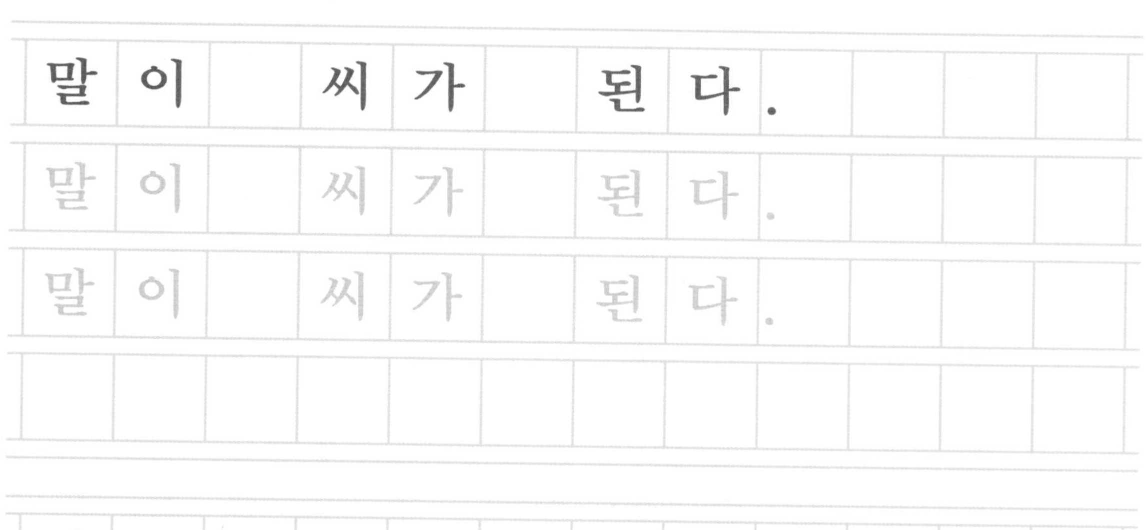

복습하기

1 '못 먹는 감 찔러나 본다'라는 속담의 뜻을 골라 보세요.

❶ 늘 말하던 것이 마침내 사실대로 된다는 말.

❷ 남의 불행을 더 커지도록 만들거나 화를 더욱 부추긴다는 말.

❸ 자기 것이 될 수 없다고 해서 남도 갖지 못하도록 하는 것을 일컫는 말.

❹ 자기 능력에 맞지 않는 일을 억지로 하다 보면 도리어 해를 입을 수 있다는 말.

2 '개구리 올챙이 적 생각 못 한다'라는 속담의 뜻을 골라 보세요.

❶ 실속 없는 사람이 겉으로 더 떠들어 대는 모습을 비유한 말.

❷ 작은 나쁜 짓도 자꾸 하게 되면 큰 죄를 저지르게 된다는 말.

❸ 형편이 나아졌다고 해서 어렵던 시절을 잊고 으스대는 모습을 일컫는 말.

❹ 남이 하니까 자기의 능력도 모른 채 덩달아 나서는 모습을 일컫는 말.

3 내용에 맞게 줄을 이어 속담을 완성해 보세요.

❶	되로 주고 •	• ㉠ 다리가 찢어진다.
❷	바늘 도둑이 •	• ㉡ 망둥이도 뛴다.
❸	숭어가 뛰니까 •	• ㉢ 소도둑 된다.
❹	뱁새가 황새를 따라가면 •	• ㉣ 말로 받는다.

4 첫소리를 도움말 삼아 속담을 완성해 보세요.

❶ [ㅁ] 이 씨가 된다.

❷ 빈 [ㅅ][ㄹ] 가 요란하다.

❸ 불난 집에 [ㅂ][ㅊ][ㅈ] 한다.

❹ [ㅁ][ㄲ][ㄹ][ㅈ] 한 마리가 온 웅덩이를 흐려 놓는다.

5 '되로 주고 말로 받는다'라는 속담으로 짧은 글짓기를 해 봅시다.

복습하기 정답

1단원

1 ③

2 ①

3 ① ㉡

② ㉢

③ ㉣

④ ㉠

4 ① 아우

② 고슴도치

③ 가재

④ 호박

2단원

1 ①

2 ②

3 ① ㉡

② ㉢

③ ㉠

④ ㉣

4 ① 백지장

② 천 냥 빚

③ 이웃

④ 얼굴, 마음

3단원

1 ④

2 ③

3 ① ㉠

② ㉢

③ ㉡

④ ㉣

4 ① 비지떡

② 희소식

③ 위아래

④ 연기

4단원

1 ②

2 ①

3 ① ㉠

② ㉡

③ ㉣

④ ㉢

4 ① 도랑

② 외양간

③ 원숭이

④ 새우

5단원

1 ④

2 ③

3 ① ㉠

② ㉣

③ ㉡

④ ㉢

4 ① 도토리

② 날벼락

③ 장날

④ 개똥

6단원

1 ①

2 ①

3 ① ㉠

② ㉣

③ ㉢

④ ㉡

4 ① 떡

② 태산

③ 알

④ 헤엄

7단원

1 ①

2 ②

3 ① ㉢

② ㉣

③ ㉠

④ ㉡

4 ① 개구리

② 쇠

③ 용

④ 다홍치마

8단원

1 ①

2 ④

3 ① ㉠

② ㉢

③ ㉡

④ ㉣

4 ① 시작

② 달걀

③ 지렁이

④ 구더기

9단원

1 ①

2 ②

3 ① ㉠

② ㉣

③ ㉢

④ ㉡

4 ① 모래

② 밑, 독

③ 우물

④ 돌다리

10단원

1 ③

2 ③

3 ① ㉣

② ㉢

③ ㉡

④ ㉠

4 ① 말

② 수레

③ 부채질

④ 미꾸라지

주제어로 찾아 읽기

가다	가는 날이 장날이다	68
	가는 말이 고와야 오는 말이 곱다	124
	바늘 가는 데 실 간다	26
	발 없는 말이 천 리 간다	124
	사공이 많으면 배가 산으로 간다	130
	친구 따라 강남 간다	26
가물	가물에 콩 나듯 한다	72
가재	가재는 게 편	18
	도랑 치고 가재 잡기	58
가지	가지 많은 나무에 바람 잘 날 없다	12
감	못 먹는 감 찔러나 본다	138
강남	친구 따라 강남 간다	26
강산	십 년이면 강산도 변한다	42
개	서당 개 삼 년이면 풍월을 읊는다	100
	똥 묻은 개가 겨 묻은 개 나무란다	62
개구리	개구리 올챙이 적 생각 못 한다	138
	우물 안 개구리	104
개똥	개똥도 약에 쓰려면 없다	68
개천	개천에서 용 난다	102
건너다	돌다리도 두들겨 보고 건너라	126
게	가재는 게 편	18
겨	똥 묻은 개가 겨 묻은 개 나무란다	62
경	쇠귀에 경 읽기	96
고래	고래 싸움에 새우 등 터진다	60
고생	고생 끝에 낙이 온다	82
고슴도치	고슴도치도 제 새끼는 함함하다고 한다	16
공들이다	공든 탑이 무너지랴	84
구더기	구더기 무서워 장 못 담글까	118
구르다	구르는 돌은 이끼가 안 낀다	86
	굼벵이도 구르는 재주가 있다	116
	호박이 넝쿨째로 굴러떨어졌다	20
구멍	하늘이 무너져도 솟아날 구멍이 있다	40
구슬	구슬이 서 말이라도 꿰어야 보배	84
굳다	비 온 뒤에 땅이 굳어진다	110

굴뚝	아니 땐 굴뚝에 연기 나랴	48
굼벵이	굼벵이도 구르는 재주가 있다	116
굽다	팔이 들이굽지 내굽나	14
기역	낫 놓고 기역 자도 모른다	104
길다	길고 짧은 것은 대어 보아야 안다	114
길	아는 길도 물어 가라	126
까마귀	까마귀 날자 배 떨어진다	56
깨물다	열 손가락 깨물어 안 아픈 손가락 없다	12
꿈틀하다	지렁이도 밟으면 꿈틀한다	116
꿩	꿩 대신 닭	54
	꿩 먹고 알 먹기	90
나무	가지 많은 나무에 바람 잘 날 없다	12
	열 번 찍어 안 넘어가는 나무 없다	90
	오르지 못할 나무는 쳐다보지도 마라	132
낙	고생 끝에 낙이 온다	82
날벼락	마른하늘에 날벼락	74
낫	낫 놓고 기역 자도 모른다	104
낮말	낮말은 새가 듣고, 밤말은 쥐가 듣는다	56
넝쿨	호박이 넝쿨째로 굴러떨어졌다	20
누이	누이 좋고 매부 좋다	70
눕다	누워서 떡 먹기	88
	누워서 침 뱉기	72
다홍치마	같은 값이면 다홍치마	102
달걀	달걀로 바위 치기	114
달다	달면 삼키고 쓰면 뱉는다	32
닭	꿩 대신 닭	54
	닭 잡아먹고 오리발 내놓기	62
대다	길고 짧은 것은 대어 보아야 안다	114
도둑	도둑이 제 발 저리다	46
	바늘 도둑이 소도둑 된다	144
도랑	도랑 치고 가재 잡기	58
도토리	도토리 키 재기	74
돌	구르는 돌은 이끼가 안 낀다	86
	돌다리도 두들겨 보고 건너라	126

주제어로 찾아 읽기

되	되로 주고 말로 받는다	144
될성부르다	될성부른 나무는 떡잎부터 알아본다	96
듣다	백 번 듣는 것이 한 번 보는 것만 못하다	98
등잔	등잔 밑이 어둡다	44
땅	땅 짚고 헤엄치기	86
떡	누워서 떡 먹기	88
	미운 아이 떡 하나 더 준다	14
떡잎	될성부른 나무는 떡잎부터 알아본다	96
떨어지다	원숭이도 나무에서 떨어진다	54
망둥이	숭어가 뛰니까 망둥이도 뛴다	142
맞들다	백지장도 맞들면 낫다	28
매부	누이 좋고 매부 좋다	70
메주	콩으로 메주를 쑨다 하여도 곧이듣지 않는다	32
모래	모래 위에 쌓은 성	130
목마르다	목마른 사람이 우물 판다	112
무소식	무소식이 희소식	44
묻다	아는 길도 물어 가랬다	126
물	밑 빠진 독에 물 붓기	128
	쏟아진 물	128
	윗물이 맑아야 아랫물이 맑다	18
	찬물도 위아래가 있다	42
미꾸라지	미꾸라지 한 마리가 온 웅덩이를 흐려 놓는다	146
밉다	미운 아이 떡 하나 더 준다	14
밑	밑 빠진 독에 물 붓기	128
바늘	바늘 가는 데 실 간다	26
	바늘 도둑이 소도둑 된다	144
바람	가지 많은 나무에 바람 잘 날 없다	12
바위	달걀로 바위 치기	114
반	시작이 반이다	110
발	도둑이 제 발 저리다	46
	발 없는 말이 천 리 간다	124
방귀	방귀 뀐 놈이 성낸다	34
배	까마귀 날자 배 떨어진다	56
배	사촌이 땅을 사면 배가 아프다	20

배부르다	첫술에 배부르랴	112
백지장	백지장도 맞들면 낫다	28
뱁새	뱁새가 황새를 따라가면 다리가 찢어진다	142
범	하룻강아지 범 무서운 줄 모른다	58
벼	벼 이삭은 익을수록 고개를 숙인다	100
병	병 주고 약 준다	34
볕	쥐구멍에도 볕 들 날 있다	76
보다	백 번 듣는 것이 한 번 보는 것만 못하다	98
보배	구슬이 서 말이라도 꿰어야 보배	84
부채질	불난 집에 부채질한다	140
불나다	불난 집에 부채질한다	140
비	비 온 뒤에 땅이 굳어진다	110
비지떡	싼 것이 비지떡	46
사공	사공이 많으면 배가 산으로 간다	130
사촌	먼 사촌보다 가까운 이웃이 낫다	28
	사촌이 땅을 사면 배가 아프다	20
산	사공이 많으면 배가 산으로 간다	130
새우	고래 싸움에 새우 등 터진다	60
서당	서당 개 삼 년이면 풍월을 읊는다	100
성	모래 위에 쌓은 성	130
성내다	방귀 뀐 놈이 성낸다	34
세 살	세 살 버릇 여든까지 간다	98
소	소 잃고 외양간 고친다	60
	바늘 도둑이 소도둑 된다	144
	쇠귀에 경 읽기	96
손가락	열 손가락 깨물어 안 아픈 손가락 없다	12
수레	빈 수레가 요란하다	140
숙이다	벼 이삭은 익을수록 고개를 숙인다	100
숭늉	우물에 가 숭늉 찾는다	132
숭어	숭어가 뛰니까 망둥이도 뛴다	142
시작	시작이 반이다	110
실	바늘 가는 데 실 간다	26
십 년	십 년이면 강산도 변한다	42
싸다	싼 것이 비지떡	46

주제어로 찾아 읽기

쏟아지다	쏟아진 물	128
쓰다	달면 삼키고 쓰면 뱉는다	32
씨	말이 씨가 된다	146
아우	형만 한 아우 없다	16
알	꿩 먹고 알 먹기	90
약	개똥도 약에 쓰려면 없다	68
	병 주고 약 준다	34
어둡다	등잔 밑이 어둡다	44
얼굴	사람은 얼굴보다 마음이 고와야 한다	30
여든	세 살 버릇 여든까지 간다	98
연기	아니 땐 굴뚝에 연기 나랴	48
열	하나를 보고 열을 안다	70
오르다	오르지 못할 나무는 쳐다보지도 마라	132
오리발	닭 잡아먹고 오리발 내놓기	62
올챙이	개구리 올챙이 적 생각 못 한다	138
외양간	소 잃고 외양간 고친다	60
요란하다	빈 수레가 요란하다	140
용	개천에서 용 난다	102
우물	목마른 사람이 우물 판다	112
	우물 안 개구리	104
	우물에 가 숭늉 찾는다	132
웅덩이	미꾸라지 한 마리가 온 웅덩이를 흐려 놓는다	146
원숭이	원숭이도 나무에서 떨어진다	54
위아래	찬물도 위아래가 있다	42
이끼	구르는 돌은 이끼가 안 낀다	86
이웃	먼 사촌보다 가까운 이웃이 낫다	28
잡다	호랑이 굴에 가야 호랑이 새끼를 잡는다	118
장	구더기 무서워 장 못 담글까	118
장날	가는 날이 장날이다	68
재주	굼벵이도 구르는 재주가 있다	116
쥐	낮말은 새가 듣고, 밤말은 쥐가 듣는다	56
	쥐구멍에도 별 들 날 있다	76
지렁이	지렁이도 밟으면 꿈틀한다	116
찌르다	못 먹는 감 찔러나 본다	138

찍다	열 번 찍어 안 넘어가는 나무 없다	90
천	천 길 물속은 알아도 한 길 사람의 속은 모른다	48
	말 한마디에 천 냥 빚도 갚는다	30
	발 없는 말이 천 리 간다	124
	천 리 길도 한 걸음부터	82
첫술	첫술에 배부르랴	74
친구	친구 따라 강남 간다	26
침	누워서 침 뱉기	72
콩	가뭄에 콩 나듯 한다	72
	콩 심은 데 콩 나고 팥 심은 데 팥 난다	40
	콩으로 메주를 쑨다 하여도 곧이듣지 않는다	32
키	도토리 키 재기	74
탑	공든 탑이 무너지랴	84
태산	티끌 모아 태산	88
티끌	티끌 모아 태산	88
팔	팔이 들이굽지 내굽나	14
팥	콩 심은 데 콩 나고 팥 심은 데 팥 난다	40
풍월	서당 개 삼 년이면 풍월을 읊는다	100
하나	하나를 보고 열을 안다	70
	천 리 길도 한 걸음부터	82
	천 길 물속은 알아도 한 길 사람의 속은 모른다	48
하늘	하늘이 무너져도 솟아날 구멍이 있다	40
	마른하늘에 날벼락	74
하룻강아지	하룻강아지 범 무서운 줄 모른다	58
함함하다	고슴도치도 제 새끼는 함함하다고 한다	16
헤엄	땅 짚고 헤엄치기	86
형	형만 한 아우 없다	16
호랑이	호랑이 굴에 가야 호랑이 새끼를 잡는다	118
호박	호박이 넝쿨째로 굴러떨어졌다	20
혹	혹 떼러 갔다 혹 붙여 온다	76
황새	뱁새가 황새를 따라가면 다리가 찢어진다	142
희소식	무소식이 희소식	44

순서대로 찾아 읽기

ㄱ

가는 날이 장날이다 68
가는 말이 고와야 오는 말이 곱다 124
가물에 콩 나듯 한다 72
가재는 게 편 18
가지 많은 나무에 바람 잘 날 없다 12
같은 값이면 다홍치마 102
개구리 올챙이 적 생각 못 한다 138
개똥도 약에 쓰려면 없다 68
개천에서 용 난다 102
고래 싸움에 새우 등 터진다 60
고생 끝에 낙이 온다 82
고슴도치도 제 새끼는 함함하다고 한다 16
공든 탑이 무너지랴 84
구더기 무서워 장 못 담글까 118
구르는 돌은 이끼가 안 낀다 86
구슬이 서 말이라도 꿰어야 보배 84
굼벵이도 구르는 재주가 있다 116
길고 짧은 것은 대어 보아야 안다 114
까마귀 날자 배 떨어진다 56
꿩 대신 닭 54
꿩 먹고 알 먹기 90

ㄴ

낫 놓고 기역 자도 모른다 104
낮말은 새가 듣고, 밤말은 쥐가 듣는다 56
누워서 떡 먹기 88
누워서 침 뱉기 72
누이 좋고 매부 좋다 70

ㄷ

달걀로 바위 치기 114
달면 삼키고 쓰면 뱉는다 32
닭 잡아먹고 오리발 내놓기 62
도둑이 제 발 저리다 46
도랑 치고 가재 잡기 58
도토리 키 재기 74
돌다리도 두들겨 보고 건너라 126
되로 주고 말로 받는다 144
될성부른 나무는 떡잎부터 알아본다 96
등잔 밑이 어둡다 44
땅 짚고 헤엄치기 86
똥 묻은 개가 겨 묻은 개 나무란다 62

ㅁ

마른하늘에 날벼락 74
말 한마디에 천 냥 빚도 갚는다 30
말이 씨가 된다 146
먼 사촌보다 가까운 이웃이 낫다 28
모래 위에 쌓은 성 130
목마른 사람이 우물 판다 112
못 먹는 감 찔러나 본다 138
무소식이 희소식 44
미꾸라지 한 마리가 온 웅덩이를 흐려 놓는다 146
미운 아이 떡 하나 더 준다 14
밑 빠진 독에 물 붓기 128

ㅂ

바늘 가는 데 실 간다 26
바늘 도둑이 소도둑 된다 144
발 없는 말이 천 리 간다 124
방귀 뀐 놈이 성낸다 34

백 번 듣는 것이 한 번 보는 것만 못하다 98
백지장도 맞들면 낫다 28
뱁새가 황새를 따라가면 다리가 찢어진다 142
벼 이삭은 익을수록 고개를 숙인다 100
병 주고 약 준다 34
불난 집에 부채질한다 140
비 온 뒤에 땅이 굳어진다 110
빈 수레가 요란하다 140

ㅅ

사공이 많으면 배가 산으로 간다 130
사람은 얼굴보다 마음이 고와야 한다 30
사촌이 땅을 사면 배가 아프다 20
서당 개 삼 년이면 풍월을 읊는다 100
세 살 버릇 여든까지 간다 98
소 잃고 외양간 고친다 60
쇠귀에 경 읽기 96
숭어가 뛰니까 망둥이도 뛴다 142
시작이 반이다 110
십 년이면 강산도 변한다 42
싼 것이 비지떡 46
쏟아진 물 128

ㅇ

아는 길도 물어 가라 126
아니 땐 굴뚝에 연기 나랴 48
열 번 찍어 안 넘어가는 나무 없다 90
열 손가락 깨물어 안 아픈 손가락 없다 12
오르지 못할 나무는 쳐다보지도 마라 132
우물 안 개구리 104
우물에 가 숭늉 찾는다 132
원숭이도 나무에서 떨어진다 54
윗물이 맑아야 아랫물이 맑다 18

ㅈ/ㅊ

쥐구멍에도 볕 들 날 있다 76
지렁이도 밟으면 꿈틀한다 116
찬물도 위아래가 있다 42
천 길 물속은 알아도 한 길 사람의 속은 모른다 48
천 리 길도 한 걸음부터 82
첫술에 배부르랴 112
친구 따라 강남 간다 26

ㅋ/ㅌ/ㅍ

콩 심은 데 콩 나고 팥 심은 데 팥 난다 40
콩으로 메주를 쑨다 하여도 곧이듣지 않는다 32
티끌 모아 태산 88
팔이 들이굽지 내굽나 14

ㅎ

하나를 보고 열을 안다 70
하늘이 무너져도 솟아날 구멍이 있다 40
하룻강아지 범 무서운 줄 모른다 58
형만 한 아우 없다 16
호랑이 굴에 가야 호랑이 새끼를 잡는다 118
호박이 넝쿨째로 굴러떨어졌다 20
혹 떼러 갔다 혹 붙여 온다 76

류덕엽 선생님 (현 서울양진초등학교 교장)

류덕엽 선생님은 서울교육대학교를 졸업하고 초등학교와 교육청에서 아이들과 초등 교육을 위해 30년 넘게 일하셨습니다. 지금은 자상한 교장선생님으로 어린이 여러분과 즐거운 학교 생활을 하고 계시지요.

특히 초등 국어 연구에 열정을 갖고 초등 국정 국어교과서 연구위원, 집필위원, 심의위원으로 활약하시면서 초등학교 어린이들의 올바른 어문생활을 이끌고 있습니다. 또 조선일보에 〈예쁜 말 바른 말〉을 기고하여 우리말의 즐거움을 많은 사람들과 함께 나누고 있어요.

가장 쉬운
초등속담 따라쓰기 하루 한 장의 기적

초판 1쇄 발행 | 2019년 3월 15일
초판 6쇄 발행 | 2024년 3월 20일

지은이 | 동양북스 콘텐츠기획팀
감 수 | 류덕엽
발행인 | 김태웅
마케팅 총괄 | 김철영
제 작 | 현대순
편 집 | 양정화
디자인 | 남은혜, 김지혜
일러스트 | 유남영

발행처 | (주)동양북스
등 록 | 제 2014-000055호(2014년 2월 7일)
주 소 | 서울시 마포구 동교로22길 14 (04030)
구입 문의 | 전화 (02)337-1737 팩스 (02)334-6624
내용 문의 | 전화 (02)337-1763 dybooks2@gmail.com

ISBN 979-11-5768-495-3 63700

속담 카드를 잘라서 사용해 보세요

문제 1

가재는 ○ 편.

문제 2

○ 주고 ○ 준다.

문제 3

바늘 가는 데
따라가는 것은?

문제 4

콩 심은 데
나는 것은?

문제 5

사람은 얼굴보다
○○이
고와야 한다.

문제 6

어디 밑이
가장 어두울까?

문제 7

말 한마디에
갚는 것은?

문제 8

싼 것이 ○○○.

정답 2

병, 약

34쪽 참고

정답 1

게

18쪽 참고

정답 4

콩

40쪽 참고

정답 3

실

26쪽 참고

정답 6

등잔 밑

44쪽 참고

정답 5

마음

30쪽 참고

정답 8

비지떡

46쪽 참고

정답 7

천 냥 빚

30쪽 참고

속담 카드를 잘라서 사용해 보세요

문제 9

○○○도 나무에서 떨어진다.

문제 10

가는 날이 ○○이다.

문제 11

낮말은 ○가 듣고, 밤말은 ○가 듣는다.

문제 12

○○ 좋고 ○○ 좋다.

문제 13

하룻강아지가 무서워하지 않은 동물은?

문제 14

누워서 ○ 뱉기.

문제 15

닭을 잡아먹고 내놓은 것은?

문제 16

○○○ 키 재기.

정답 10

장날

68쪽 참고

정답 9

원숭이

54쪽 참고

정답 12

누이, 매부

70쪽 참고

정답 11

새, 쥐

56쪽 참고

정답 14

침

72쪽 참고

정답 13

범

58쪽 참고

정답 16

도토리

74쪽 참고

정답 15

오리발

62쪽 참고

속담 카드를 잘라서 사용해 보세요

문제 17

구르는 돌에
끼지 않는 것은?

문제 18

세 살 버릇이
몇 살까지 갈까?

문제 19

○ 짚고 ○○치기.

문제 20

서당개 삼년이면
○○을 읊는다.

문제 21

티끌이 모이면
되는 것은?

문제 22

벼 이삭은
익을수록 어떻게
될까?

문제 23

○ 먹고 ○ 먹기.

문제 24

목마른 사람이
파는 것은?

정답 18

여든 살

98쪽 참고

정답 17

이끼

86쪽 참고

정답 20

풍월

100쪽 참고

정답 19

땅, 헤엄

86쪽 참고

정답 22

고개를 숙인다

100쪽 참고

정답 21

태산

88쪽 참고

정답 24

우물

112쪽 참고

정답 23

꿩, 알

90쪽 참고

속담 카드를 잘라서 사용해 보세요

문제 25

○○로 ○○ 치기.

문제 26

○○○도 두들겨
보고 건너라.

문제 27

굼벵이의 재주는
무엇일까?

문제 28

사공이 많으면
배가 어디로 갈까?

문제 29

호랑이 새끼를
잡으려면 가야 할
곳은?

문제 30

성격이 급한
사람이 우물에 가서
찾는 것은?

문제 31

발 없는 말도
몇 리를 갈까?

문제 32

○○가 뛰니까
○○○도 뛴다.

정답 26

돌다리

126쪽 참고

정답 25

달걀, 바위

114쪽 참고

정답 28

산

130쪽 참고

정답 27

구르는 재주

116쪽 참고

정답 30

숭늉

132쪽 참고

정답 29

호랑이 굴

118쪽 참고

정답 32

숭어, 망둥이

142쪽 참고

정답 31

천 리

124쪽 참고